BIBLIOTHÈQUE POPULAIRE

éditée sous le patronage du Parti Ouvrier

ANSEELE

vient de paraître

POUR PARAITRE PROCHAINEMENT

Les études réunies en ce volume ont été écrites à des époques diverses, mais elles forment un ensemble, parce qu'elles sont les fruits successifs d'une préoccupation unique, celle de rechercher si notre pays n'a pas à remplir en Europe un rôle qui lui soit propre, et qui, tout en justifiant ses droits à l'indépendance, lui assure en même temps les garanties intérieures les plus solides de liberté et d'ordre social.

V. A.

TROIS SIÈCLES

DE

MONARCHIE

Les travaux sur l'histoire moderne sont extrêmement nombreux. Il n'en est guère, malheureusement, où notre pays ne disparaisse, comme une quantité presque négligeable, mêlée et confondue aux destinées des grands pays qui nous entourent. Rien de plus injuste. Au début de l'ère moderne, nous apportions à l'Europe des éléments qui nous étaient propres, qui ont gardé longtemps, et qui ont reconquis aujourd'hui leur action. Et il serait possible de concevoir une histoire moderne où notre rôle resterait latent, mais sensible malgré notre absorption, comme en notre siècle l'influence de la Pologne subsiste, malgré son partage.

Je vais plus loin. J'ose dire que l'importance sociale et politique de nos provinces, que les principes vitaux qu'elles apportaient, étaient si grandes au xvᵉ siècle, que rien n'a compensé depuis lors pour l'ordre européen la perte qu'il avait subie par notre disparition. L'Europe, depuis le xvᵉ siècle, a laissé s'accumuler les événements, elle a traversé trois siècles de monarchie absolue; mais quand on a vu défiler, sous la lumière intense de l'histoire, les principaux personnages qui, pendant trois siècles, ont occupé la scène politique, depuis Charles-Quint jusqu'à Joseph II; quand on a assisté à la poursuite de leurs plans longuement ourdis, savamment combinés, exécutés avec les moyens les plus étendus qui jamais se soient trouvés entre les mains de quelques hommes; quand on a vu le monde vingt fois changer de forme et de figure, et les profondes masses humaines se joindre, se confondre ou se décomposer sous l'action des volontés souveraines; quand, à côté du spectacle extérieur de tant de mouvements, on a pénétré au plus secret des officines où les grands évé-

nements publics ont été élaborés et mûris,
— d'un si gigantesque concours d'intentions
et de forces, on ne garde que le sentiment
d'une colossale alchimie, où presque tout est
factice, entrepris à l'encontre de la nature
et de la réalité des choses, et d'où quelque
bien n'est sorti qu'en dehors des prévisions
et à l'insu des maîtres et des manipulateurs de
la matière historique, princes et hommes d'État!
Ces trois siècles d'absolutisme, il est vrai, ont
frayé la voie à l'Europe moderne, comme l'alchimie a préparé la science. Il n'en est pas
moins pénible de voir les hommes, partout et
toujours, épuiser toutes les formes de l'erreur et
tous les modes de l'arbitraire, avant de parvenir
à comprendre et à accepter ce qui est possible et
vrai, alors que le cours naturel des choses et une
civilisation déjà élevée, telle que la nôtre,
promettaient dès lors à l'Europe un ordre supérieur à ce que les grandes monarchies ont réa-
lisé.

Après le moyen âge, il ne semblait pas que
l'Europe dût traverser trois siècles de despotisme personnel, pour arriver à l'état de pondération des pouvoirs et de libre discussion, qui
rend notre époque à peu près acceptable. Il eût
paru logique, au contraire, qu'il se formât dès

lors, entre les éléments sociaux comme entre les nations, un équilibre presque stable.

Le moyen âge avait été une longue période organique; à son déclin, ses éléments constitutifs subsistaient tous, heureusement assez affaiblis pour qu'il ne fût plus à craindre que l'un d'eux prétendît encore à la suprématie sur les autres. L'Église, après ses tentatives avortées de gouvernement théocratique avec Grégoire VII et Innocent III, s'était résignée à l'esprit du temps; le séjour d'Avignon avait achevé de tempérer l'orgueil sacerdotal. Les communes, encore debout, mais avec des lézardes, pouvaient suffire à protéger la vie industrielle et commerciale, mais n'étaient plus une menace de féodalité bourgeoise aspirant à remplacer l'ancienne féodalité nobiliaire. Celle-ci elle-même, battue en brèche à la fois par les communes et par les rois, restait démantelée et impuissante; et la royauté, qui s'était emparée de la fonction militaire pour la régulariser, ne se faisait sentir encore que par son rôle bienfaisant. Les rois, organes de l'ordre public et de l'unité de pouvoir, fondaient l'administration, étendaient autour d'eux l'action de la justice.

De grands mouvements populaires, des guerres nationales allaient assurer l'indépendance des

États, et une fois l'Espagne délivrée des Maures, la France, des Anglais, et l'Allemagne de la menace des Turcs, l'Europe politique semblait devoir se constituer.

Ainsi, dans le sein de chaque État, l'équilibre était possible entre les grandes forces sociales : l'Église, la bourgeoisie et la noblesse territoriale, sous la commune égide et protection des rois; comme, entre les grands États, l'équilibre pouvait s'établir, grâce à la division de l'Europe en parts presque égales en puissance. L'Église était alors la forme embryonnaire de la science; mais le libre examen qui se répandait, la renaissance des lettres grecques et latines, les arts nouveaux, apparaissaient déjà comme la promesse d'une civilisation supérieure. Il eût suffi d'un siècle ou deux de paix relative pour asseoir l'ordre intérieur et les rapports entre nations, sur des bases presque inébranlables. Quelque révolution passagère eût peut-être encore été nécessaire, chez certains peuples, pour fusionner davantage les éléments sociaux, mais il n'y avait rien d'essentiel qui ne fût acquis; et l'avantage principal d'un système pareil, c'est qu'il était tout en formations naturelles, ayant déjà derrière elles des siècles d'existence spontanée et acceptée.

La preuve, que l'Europe pouvait se suffire avec les éléments dès lors constitués, et répondre ensuite à tous les besoins d'une évolution plus haute, c'est que l'Angleterre s'est développée jusqu'aujourd'hui sur ces bases exclusives, qui lui avaient été léguées par le moyen âge comme à nos autres pays. Elle n'en est pas moins devenue l'établissement politique le mieux pondéré et le plus solide, et la société la plus vigoureuse et la plus riche des temps modernes.

Ce qui s'est fait en Angleterre eût pu, semble-t-il, s'accomplir partout; et les États généraux, les Cortès, les représentations générales déjà fondées ou prêtes à fonctionner sur le continent, pouvaient effectuer ici le grand travail de pacification et de fusion que l'Angleterre dut à son Parlement.

Le continent a cependant traversé trois siècles d'absolutisme monarchique, pour revenir, en fin de compte, à une balance des forces qui n'est pas foncièrement différente de ce qu'elle s'annonçait pouvoir être dès la fin du moyen âge.

II

A quelle cause attribuer cette diversion monarchique, qui n'a décrit, pendant si longtemps, son grand cercle excentrique d'arbitraire et de réaction, que pour se retrouver aujourd'hui presque à son point de départ! Comment tant de volontés ont-elles été entraînées dans ce circuit, pour accomplir, au prix de luttes sans nombre et de ruines par moment universelles, une évolution qui, dès le XVᵉ siècle, était en puissance dans la société déjà établie ?

Pour moi, la principale cause en est dans l'absence, sur le continent, d'un État, capable de tenir groupés en faisceau les éléments organiques de la société qui survivait au moyen âge, et d'accepter ainsi pour le continent le rôle que l'Angleterre, par la séparation des mers, ne put remplir que pour elle-même. Nul doute pour moi que, si un pareil État eût pu se fonder et subsister au centre de l'Europe, il fût devenu la clef de voûte de l'équilibre général, et que par sa prospérité, son influence, il eût forcé le reste de l'Europe à se conformer à son exemple.

La France et l'Allemagne étaient dans l'impuissance toutes les deux de comprendre et de réaliser une pareille destinée. Non que les hommes d'énergie et de conception élevée leur fissent défaut, mais leur situation ne s'y prêtait pas. A toutes les deux manquait l'élément principal de l'ordre nouveau : des villes assez puissantes, une bourgeoisie suffisamment forte. Elles avaient la science des universités et des écoles, une exubérance de vie militaire ; si l'on veut, le cerveau et les muscles ; elles n'avaient pas l'appareil circulatoire, fécondant : le commerce et l'industrie. Elles étaient trop agricoles, la féodalité terrienne y avait gardé trop de racines ; aussi toute la lutte et l'action arriva-t-elle bientôt à s'y concentrer entre les rois et les seigneurs, pour finir par la victoire de la monarchie, sans contrepoids suffisant d'une classe industrieuse et indépendante. Nés seulement de la guerre, ces deux grands États ne se trouvèrent organisés que pour la guerre ; et pendant trois siècles leurs empereurs et leurs rois ne songèrent qu'à transporter dans l'Europe entière le champ de bataille qu'ils avaient trouvé chez eux et qui était leur berceau.

L'Espagne, de son côté, avait été dévoyée de bonne heure. Son long duel intérieur avec les Maures avait non seulement développé outre mesure son énergie belliqueuse, mais exalté chez elle l'esprit religieux et chrétien, qui avait été pour sa nationalité une des forces de combat. Quand de si étonnantes découvertes de pays inconnus lui ouvrirent si larges les voies du commerce et du travail, elle n'y porta que les armes et la foi, et stérilisa les sources mêmes d'une vie nouvelle. L'Espagne n'avait devant elle d'autre issue que le despotisme.

L'Italie possédait une classe moyenne, des villes importantes, une aristocratie d'une culture intellectuelle très affinée, le tempérament politique le mieux approprié à la constitution d'un Etat pondéré et pacifique ; malheureusement, elle gardait en elle un principe morbide, la papauté. Quand les papes se sentaient en mesure de poursuivre leurs hautes visées européennes, ils n'y associaient pas l'Italie, qui eût été un embarras et un danger. Quand ils se trouvaient, comme alors, réduits à la politique péninsulaire, ils ne travaillaient qu'à diviser et à corrompre l'Italie, dont toute cohésion eût mis la papauté en échec. L'Italie, avec ses cités opulentes et son merveilleux développement cérébral, était comme ce monstre dont parle Dante, qui dressait vingt têtes rivales et n'avait pas de corps pour les porter.

Cependant, au centre même du mouvement européen, et comme au point de contact des courants moraux et économiques déjà si puissants, il s'était formé un embryon d'Etat politique qui paraissait rassembler en lui tous les éléments d'une vie complète. Des fleuves, des villes superbes, le voisinage de la mer, un sol déjà admirablement travaillé, des bourgeoisies turbulentes mais industrieuses et riches, une noblesse luxueuse presque populaire, un esprit plus tolérant, plus libre que partout ailleurs, et cette profusion de tous les biens réunis, comme par une fortune particulière, entre des pays appauvris ou livrés à la guerre civile! Tel était le cercle de Bourgogne qui n'eût demandé qu'une main habile et forte pour inaugurer sur le continent un ordre de choses semblable à celui qui a fait la grandeur de l'Angleterre. Et pendant près d'un siècle, les chances restèrent ouvertes. Si un homme était apparu, capable de coordonner tant d'éléments sans pareils, l'histoire du monde eût peut-être pris un autre cours. Malheureusement, le cercle de Bourgogne, dont nos pays belges formaient l'assiette, eut à sa tête des princes et ne trouva pas un homme.

Plus d'un historien, M. de Barante, M. Van Praet, nous racontent l'histoire des ducs de Bourgogne. Ils indiquent l'énorme partie qui a été manquée par eux et que cependant les circonstances leur offraient dans des conditions si favorables. Ils font remarquer avec raison combien la position était forte, la création du cercle de Bourgogne n'ayant rien eu de factice ou d'improvisé, mais étant née de la logique de l'histoire et de la nature des choses. Ils analysent la situation des pays voisins et montrent comment, avec un peu d'habileté et de suite dans les vues, il eût été possible, peut-être facile, de fonder entre la France, l'Allemagne et l'Angleterre, un Etat stable et prospère.

Mais ces historiens ne s'occupent que de la politique extérieure des ducs. Ils ne se demandent pas si, pour former un Etat stable, il n'eût pas été nécessaire d'abord de l'asseoir à l'intérieur, non seulement sur l'autorité du prince, mais sur des éléments sociaux affermis et liés. Et, en ne se plaçant pas à ce point de vue, ils n'ont pas aperçu, à mon sens, les causes vraies qui ont empêché les ducs de Bourgogne de faire, dès le XVe siècle, de la Belgique, le pivot d'un nouvel et durable équilibre.

Pour la plupart l'histoire se résume un peu trop en une diplomatie bien ou mal conduite. On examine avec sagacité les rapports suivis par les ducs, et notamment par Philippe le Bon et Charles le Téméraire, avec l'Angleterre et la France. On passe avec légèreté sur leur action à l'intérieur, si courte de vues, si néfaste, et qui fut la vraie raison de leur insuccès. Qu'avaient-ils à faire, sinon à favoriser l'expansion et l'accord des forces encore disparates de leurs possessions, à tenir compte de ces mouvements

populaires qui servirent si bien Charles VII, à
réaliser cette unité, qui fut le but de Louis XI?
Et s'ils s'étaient appliqués exclusivement à cette
œuvre interne, qui doute qu'ils n'eussent fondé
un empire bien supérieur, comme principes constitutifs, à tout ce que le continent pouvait réaliser ailleurs?

Au lieu de cela, ils furent déjà pris, en plein
XVe siècle, de ce vertige monarchique, qui n'a de
but que l'autorité souveraine sur ses propres
sujets comme vis-à-vis de l'étranger, sans savoir
même à quoi d'utile tant de pouvoir devra servir;
et l'on vit Philippe le Bon ruiner Gand et Bru-
ges, qui étaient les deux piliers de sa fortune,
encourager le plat pays contre les villes, parce
qu'il y trouvait plus de soumission et d'obéis-
sance, comme on vit Charles le Téméraire nourrir des rêves de monarchie universelle, alors que
ses peuples, sur lesquels il eût du s'appuyer, lui
échappaient de toutes parts. Ce n'est pas le défaut de descendance mâle chez Charles le Téméraire qui tua le royaume naissant de Bourgogne;
c'est l'absence d'une politique intérieure féconde
et virile chez les quatre ducs successifs qui em-
pêcha le royaume de se constituer.

Il est vrai qu'ils eussent dû y abandonner une
partie de leur autorité, comme ont fait les rois

d'Angleterre ; mais nos ducs travaillèrent à fonder leur autorité et ils perdirent le pays. Ils avaient à sauver les restes féconds du moyen âge et à creuser le canal de transition entre l'époque révolue et les temps modernes. Ils avaient à faire œuvre organique, ils ne firent qu'œuvre de destruction, préparant eux-mêmes les voies à cet absolutisme qui devait les dévorer.

III

Une fois le cercle de Bourgogne disloqué, et la seule partie du continent, où pût s'établir un gouvernement pondéré et pacifique, réduite à l'impuissance, l'Europe se vit livrée bientôt à toutes les entreprises de la monarchie pure, la plus folle et la plus vide des utopies que le monde ait jamais connues. Alors nous entrons dans cette danse macabre, où tourbillonnent, arrachés comme des branches stériles, tous les principes des sociétés, je ne dirai pas modernes, mais simplement humaines. Charles VIII descend en Italie pour y détruire les derniers types d'une civilisation intellectuelle et industrieuse, et le monde appartient aux conquérants, aux rêveurs d'une domination sans limites. Charles-Quint, Philippe II, Louis XIV se repassent l'un à l'autre, non plus le flambeau qui éclaire et vivifie, mais la torche inextinguible de la guerre universelle, sans autre fin que l'absorption et la mort. Le despotisme asiatique prend possession de l'Europe. Chacun de ces maîtres a pour première ennemie toute inspiration spontanée et légitime des populations qu'il gouverne. Charles-Quint anéantit tout vestige de liberté individuelle ou collective ; Philippe II s'épuise dans son duel avec la Réforme; Louis XIV fait de la France ce désert où les paysans mangent de la terre, comme s'ils n'avaient plus qu'à dévorer le sol nourricier lui-même.

Tour à tour, l'Allemagne, l'Espagne et la France sont les invincibles agents de la destruction, et, tour à tour, les agents s'épuisent, retombant sur eux-mêmes après avoir détruit tout autour d'eux. La fin de chacun de ces « grands » règnes est la fin du pays qui l'a servi. Sans doute, quelque bien s'est mêlé à tout cela. Quelle est donc la suite d'ouragans, qui empêchera un printemps tout entier de fleurir et l'humanité de sourire un moment à travers ses larmes? Mais qui dira ce qu'eût été l'Europe si ces effrayants cataclysmes, résumés en un nom de roi, ne se fussent pas abattus sur elle? Les institutions protectrices lui manquant, elle n'avait plus rien pour s'abriter contre les orages, et que le centre de la tempête se formât à Vienne, à Madrid ou à Paris, il était certain qu'une fois déchaînée, elle embrasserait l'univers.

Le grand malheur, en effet, de ces temps de furie monarchique, c'est que nulle part, en Europe ne se trouvait une borne, un obstacle, un rempart qui empêchât les grands gouvernements, fous de domination, de se heurter directement les uns aux autres. L'Autriche, la France et l'Espagne se touchaient de tous côtés. Les chefs eux-mêmes de ces grands Etats comprenaient qu'il y avait là un danger permanent, car il n'y a pas de passion humaine qui ne sente elle-même qu'elle doit être contenue ; malheureusement, il n'en est nulle aussi qui ne renverse d'instinct les obstacles qu'on lui oppose. Aucun des grands Etats qui consentît à voir s'élever devant lui une limite à son expansion, et aucun qui ne reconnût, au fond, cette digue nécessaire. Et c'est ici, à cette même place où s'était formé le cercle de Bourgogne, que la résurrection en était désirée par tous les hommes appelés à décider des destinées de l'Europe ; mais, par ce qu'on pourrait appeler une contradiction logique, qui explique tant de choses dans les affaires humaines, aucun d'eux aussi qui ne voulût s'emparer pour lui seul de ces pays, dont l'indépendance eût été utile à tous.

Charles-Quint, rêva toute sa vie « la création d'un Etat considérable au Nord de la France, distrait de l'ensemble de ses possessions ». Il s'en ouvrit même à l'entourage de François Ier, au moment où il traversait la France pour aller en Flandre réprimer l'insurrection gantoise. Mais toute sa vie aussi, il fit les plus grands efforts pour reprendre le duché de Bourgogne à François Ier, et en même temps qu'il parlait de constituer le nouvel Etat, il allait y détruire tout vestige d'indépendance.

Philipde II songea un moment à abandonner les Pays-Bas à sa fille, comme une sorte d'apanage, n'ayant plus avec la couronne d'Espagne que des liens personnels, et il finit par nous laisser respirer sous l'administration d'Isabelle et de l'archiduc Albert. Mais il nous avait avant saigné aux quatre membres, et si, nous respiront encore, c'est que sa fureur avait été lasse, mais non assouvie de carnage.

Henri IV voulait de bonne fois établir un équilibre européen où nous eussions occupé une place importante, et si son *grand dessein* tendait avant tout à amoindrir l'Espagne, il ne recherchait pour la France, par notre relèvement, qu'un avantage indirect; mais le plan de Richelieu de partager les Pays-Bas; le projet de Mazarin de donner à l'Espagne le Roussillon et la Catalogne, pour pouvoir s'étendre au nord; les guerres de Louis XIV, qui allaient à nous annexer et non à nous affranchir, et plus tard les invasions de la République et du premier Empire, comme les plans secrets du second, montrent bien que la politique française à notre égard, après des oscillations passagères, en revient toujours à notre absorption, tout en proclamant toujours la nécessité de notre existence.

Il n'y a pas jusqu'à nos voisins du Nord qui deux fois ne nous aient tenus, et sans générosité ni désintéressement, eux, les fils aînés de la liberté moderne : la première fois, en fait, après le traité de la Barrière, qui n'était qu'une occupation hollandaise, la seconde, en fait et en droit, après 1815. Et les deux fois, cependant, l'Europe n'avait pas songé à nous donner à la Hollande, trop faible pour nous conquérir ou nous garder; les deux fois, l'Europe avait voulu garantir la paix générale en cherchant ici, et en voulant y fortifier, la clef de voûte de l'équilibre..

Ainsi, si l'on y ajoute la possession autrichienne si précaire, traversée par les guerres françaises, toujours indécise dans l'esprit de Marie-Thérèse, qui eût volontiers abandonné la Belgique pour ressaisir la Silésie; presque indifférente à Joseph II, qui eût voulu nous échanger contre des territoires contigus à l'empire; et clôturée cependant par une révolution contre le despotisme autrichien, il n'y a eu dans notre histoire, pendant trois siècles, que contradition, incertitude et trouble.

De l'aveu universel de tous les politiques et du consentement successif de tous les gouvernements, rien de plus nécessaire à l'Europe que notre indépendance; et pourtant, pendant trois siècles de monarchie absolue, alors qu'un plan combiné eût paru le plus facile à exécuter, pas un seul moment où une volonté souveraine ait eu la force de refaire ce qui, au xve siècle, était sorti spontanément et sans effort de la logique des choses! Tous les princes, les nôtres, comme ceux du reste de l'Europe, ont confessé, reconnu, proclamé qu'au point de vue de l'ordre européen, même en régime monarchique, il était nécessaire de nous reconstituer à l'état indépendant, et pendant trois siècles, personne, ni même l'Europe entière, qui y ait réussi! Il a fallu que nous fissions nous-mêmes deux révolutions, celle de 1788 et celle de 1830, pour nous rendre une existence propre et accomplir les vues des hommes d'Etat, comme les vœux de l'histoire.

Charles-Quint et Philippe II, Henri IV et la coalition formée contre Louis XIV, l'Europe victorieuse de Napoléon, tout ce qui a paru tout-puissant et invincible a conçu le plan et senti l'urgence de restaurer un Etat qui pût remplir en Europe la fonction dévolue un moment au cercle de Bourgogne ; et la logique historique n'a retrouvé son expression que lorsque quelques paysans et quelques bourgeois ou artisans, s'en sont faits les interprètes, en risquant leur vie pour la réaliser. Quelle critique plus terrible de l'absolutisme monarchique, toujours entraîné au delà de ce qu'il considère lui-même comme juste et raisonnable, s'épuisant à la poursuite d'un idéal faux et vain, alors qu'il lui suffisait de se baisser pour trouver sous sa main les éléments de la vie légitime et durable ; et se plongeant dans l'abstraction jusqu'à faire le vide en lui et autour de lui, alors que les choses, dans leur évolution naturelle, se fussent prêtées d'elles-mêmes à assurer au monde la sécurité et l'ordre ! Trois siècles d'absolutisme ne réussissent pas à créer en Europe, même pour quelques années, une situation viable et acceptée, car tout y est sans cesse remis en question de tous côtés ;

et la spontanéité populaire en peu de jours rétablit tout sous son véritable jour et dans sa véritable loi.

Certes, la révolution brabançonne défend, au
sens abstrait, des idées moins hautes que celles
de Joseph II, et pourtant elle seule révèle l'état
réel de nos provinces; seule elle nous ramène à
un point de départ positif, en nous reprenant
tels que nous étions réellement à la fin du XVIIIe
siècle, non différents pour ainsi dire de ce que
nous étions à la fin du XVe; que si l'on veut nous
reprocher d'avoir conservé jusqu'en 1788 les anciens préjugés et les traditions étroites d'une
époque disparue, il n'y aurait là d'autre preuve
que celle de l'impuissance et de la stérilité des
monarchies qui avaient passé sur nous sans
réussir même à nous entamer.

La révolution brabançonne est le premier réveil
de notre nationalité, le premier symptôme extérieur de notre existence collective à l'état de
peuple. Les vieilleries mêmes et les préoccupations surannées qui s'y révèlent, montrent seulement nos racines dans le passé, et la perpétuité
de la vie en ce qu'on ne croyait plus qu'un tronçon inerte, équarri depuis si longtemps à coups
de glaive, et que le monde oubliait. Et par cela
seul qu'elle est la reprise de possession d'un

peuple par lui-même, la révolution brabançonne, à son plan, mais au même titre que la révolution française, est une des origines de l'évolution moderne. Sans l'étudier de près, on ne comprend ni notre siècle, ni notre histoire postérieure. Elle contient en elle tout ce qui fait notre personnalité nationale. encore aujourd'hui, et elle attend un historien qui, sans sacrifier aux préjugés d'alors, ne condamne cependant pas l'état de choses d'alors au nom des préjugés d'aujourd'hui.

IV

La révolution brabançonne est une date historique, d'une importance européenne, parce que, la première sur le continent, elle rompit en visière à l'absolutisme monarchique qui, depuis le XVIe siècle, faisait de l'Europe un champ de guerres dynastiques et de rivalités princières ; parce que la première, elle fut l'explosion d'un sentiment pratique et l'affirmation des besoins réels d'un peuple. Elle est considérable précisément en ce qui la fait dédaigner de tant « d'esprits élevés ». De même que la révolution française, à ses débuts, était tout entière dans les cahiers du tiers, et non dans quelque formule abstraite, de même le mouvement brabançon n'avait rien de bien philosophique ni de propre aux déclamations ; elle n'était que la révolte d'hommes qui voulaient pouvoir VIVRE et même vivre à leur façon, avec la manière d'être et de penser qui leur était particulière. Elle ne ressemblait en rien aux révolutions antérieures, à celles du XVIᵉ siècle, qui avaient un but mental, intellectuel, un but religieux et métaphysique. C'était ici le premier mouvement réaliste, la sonnerie de départ de l'ère moderne, et, chose étonnante, l'explosion en parut réactionnaire, parce que nos Belges voulaient conserver leurs libertés locales, leurs représentations électives, leurs lois et leurs mœurs.

Il n'y a que la révolution américaine à laquelle on pût comparer la nôtre ; et nos pères de 1788, aussi simples, aussi positifs, aussi modestes que les Américains, ne voulant garder que leurs biens et leur liberté, sans rien réclamer de personne, et sans vouloir imposer rien à quiconque, eussent mérité un Washington. Si un homme vraiment supérieur eût compris la portée vraie de la révolution brabançonne et en eût réglé les forces, qui étaient suffisantes pour assurer l'indépendance du pays, peut-être la révolution française elle-même eût pu rester dans les voies fécondes et si profondément sociales de ses origines. Cet appui au Nord, dans l'état où était l'Europe, eût suffi pour empêcher la coalition monarchique contre la France de se former. La France n'eût pas eu besoin de cette contraction héroïque et fatale qui l'obligea de se mettre aux mains des Jacobins. Vingt-cinq ans de guerre eussent été inutiles, et la longue et terrible convulsion qui agita l'Europe de 1789 à 1815 eût peut-être été évitée. Qu'est-ce que 1830, sinon, pour nous et pour l'Occident entier, 1789 repris à ses origines bourgeoises et agricoles, à sa restauration sociale, comme si quarante ans d'efforts et de réaction n'eussent été qu'un rêve sanglant! On dirait que la vieille Europe absolutiste, rappelée à la vie par la trompette révolutionnaire, ait voulu, en quelques années, décrire une seconde fois son cercle infernal, pour retomber brisée en 1830, comme elle l'était déjà en 1789.

En effet, dès la seconde moitié du xviiie siècle, l'Europe monarchique était arrivée à sa fin, et à sa fin naturelle, après avoir, pendant trois siècles, tourné sur elle-même, et s'être épuisée dans ses propres et stériles excès. La révolution française n'est, comme la révolution brabançonne, que la reprise de possession d'un peuple par lui-même, et le retour légitime et inévitable à l'évolution historique poursuivie à travers tout le moyen age : 1789 reprend simplement le cours naturel de l'histoire dans l'Occident, après trois siècles de trouble monarchique. C'est la révolution qui « renoue la chaîne des temps. »

M. Van Praet, qui résume admirablement cette époque dans son *Histoire politique des derniers siècles*, raconte, avec une profonde érudition et une grande netteté, toutes les guerres et les combinaisons diplomatiques du xviiie siècle; il constate successivement l'affaiblissement et le dépérissement de l'Espagne, de la France et de l'Autriche, et les immenses transformations qui s'accomplissent tout autour de la vieille Europe, sans qu'aucun de ces grands pays, qui avaient tout fait dans le monde depuis trois siècles, y prenne aucune part effective et prépondérante.

Les quatre grands événements qui surgissent, et qui changent la face de l'univers, dès avant 1789, sont : l'avènement de la Russie, la création tout d'une pièce de la Prusse, l'entrée de l'Inde dans le cercle de la politique anglaise et la révolution américaine.

La Russie conquiert sa place, par les guerres victorieuses contre les Turcs et par le partage de la Pologne. L'Autriche, directement menacée, ne réussit à y mettre aucun obstacle et ne reçoit son morceau de Pologne que comme une compensation presque méprisante de son abstention.

Frédéric II se taille son royaume presque entièrement dans le manteau impérial d'Autriche, et la France, comme l'empire, ne résistent que par des efforts impuissants.

L'Angleterre fonde sa puissance indienne malgré la France et par l'impuissance de ses rois. Si Louis XVI prend la détermination étrange d'aider à la révolution américaine, il n'est plus de force à en profiter pour y étendre l'influence française.

Il n'est plus même question, depuis le XVIIe siècle, de l'existence de l'Espagne.

La vieille Europe, siège de la politique absolutiste depuis le XVe siècle, est donc annihilée dès le XVIIIe, et les grands centres d'action et d'influence sont dès lors placés en dehors d'elle, en Russie, en Prusse, en Amérique.

L'Angleterre seule, dans la vieille Europe, conserve toute sa puissance, restée ininterrompue depuis le XVe siècle.

M. Van Praet semble croire que ce sont simplement les hommes de génie qui ont manqué à l'Europe centrale, alors qu'autour d'elle surgissaient de grandes figures nouvelles : Catherine, Frédéric II, le premier Pitt, et au delà des mers, Washington. La vérité, c'est que le continent occidental avait terminé son rôle par la fin naturelle de sa politique monarchique.

Mais le déplacement même des centres d'action, reportés si loin en dehors de l'orbite ancienne, devait avoir pour résultat l'affranchissement des peuples occidentaux, soulevés par une expansion que trois sièles d'absolutisme avaient comprimée, mais qui enfin pouvait se donner carrière.

Loin donc de voir dans ces mouvements populaires, comme le fait M. Van Praet, une sorte de rupture inattendue et impossible à prévoir de l'ordre normal, qui aurait été dans la continuation de l'ancienne action monarchique inaugurée par Charles-Quint, il faut reconnaître, au contraire, l'inévitable nécessité de ces deux grandes nouveautés, une France affranchie, de tendance d'abord fédérale, et la reconstitution par la Belgique de l'ancien cercle de Bourgogne. Notre indépendance y trouve, qu'on le remarque, une explication bien plus haute et une consécration presque définitive. Elle n'est plus un accident, elle est une solution ; elle n'est plus une combinaison arbitraire des puissances, elle est l'ac complissement d'une loi historique; elle n'est plus un fait passager et comme un pis-aller de la diplomatie internationale, elle est le commencement d'une ère nouvelle de l'Europe; elle devient une assise fondamentale pour un nouvel équilibre, qui aura ici sa clef de voûte, comme il eût pu l'y trouver dès le xv⁰ siècle.

Mais une conception pareille de notre rôle dans le monde nous impose des obligations nouvelles : la première, celle de nous organiser socialement d'une façon indestructible par le solide agencement de nos forces vives, comme nos ducs jadis eussent dû le tenter, et comme il est aujourd'hui du devoir de nos gouvernants et de notre propre devoir de le faire; la seconde obligation, et non la moins importante, de savoir si nous aussi nous n'avons pas à poursuivre une politique étrangère.

LA
CAPACITÉ POLITIQUE

ET LES

CATÉGORIES SOCIALES

15 août 1883.

Dans notre pays, en fait mieux, encore qu'en théorie, le corps électoral est le maître souverain. Par ses mandataires directs et nommés sans condition, il frappe les impôts, change les lois, établit l'ordre qu'il juge bon ou simplement avantageux. Rien dans la société ou dans l'État n'est placé en dehors de ses atteintes. Le roi, à la vérité, peut lui résister dans les cas extrêmes, et comme la Constitution dit que les pouvoirs émanent de la nation, elle paraît vouloir rappeler aux censitaires qu'ils ne doivent agir qu'avec l'assentiment du peuple. Mais l'intervention royale, en cinquante ans, ne s'est guère montrée que pour s'en remettre au corps électoral du soin de trancher les difficultés, et dans toutes nos crises politiques jusqu'ici, le peuple s'est effacé devant les électeurs et a accepté leur verdict. On peut donc affirmer aujourd'hui que nos cent mille censitaires de Belgique tiennent en leurs mains l'autorité entière. Qu'ils aient une volonté persistante, et tout cèdera à leur pression légale. Ils n'ont guère en un demi-siècle abusé de leur force ; c'est là probablement le secret de la confiance qu'ils avaient conquise et qui n'est pas perdue. Mais quand ils exercent leur action même avec quelque énergie, toute opposition est bientôt réduite à néant. La loi scolaire en a fourni un exemple. Une majorité seulement des censitaires libéraux l'a fait voter par ses représentants ; la minorité a vainement enfiévré l'opinion ; aidée d'une organisation puissante, celle du clergé, appuyée de la masse catholique de la population, elle a vainement cherché à empêcher l'exécution de la loi. Il a suffi que la majorité des censitaires confirmât le pouvoir aux mains des auteurs de la réforme,

pour que celle-ci fut appliquée jusqu'au jour où
une majorité catholique viendra peut-être en un
moment, renverser tout l'édifice de l'enseignement public. Mais cette fois même, il est à croire
que le pays se soumettrait sauf à réagir bientôt.
Il y a eu sans doute des soubresauts de l'opinion
à propos de projets impopulaires, et qui ont
été emportés dans la bourrasque ; mais toute loi
sanctionnée et définitive a toujours réussi a
s'imposer et à user la résistance. Notre législa-
tion et l'exercice même du pouvoir ont gagné à
cette pratique constante une continuité qui est
une des causes principales de leur ascendant.
Les changements brusques, les oscillations
énormes que les institutions et les lois ont subies
en d'autres pays, nos voisins, ont été inconnus
chez nous pendant cinquante ans ; notre corps
de censitaires, pour avoir évité pendant si longtemps à notre pays, seul sur le continent, ces
commotion si dangereuses, a dù posséder un
sens politique indéniable. Il est resté le maître
de nos destinées pendant le demi-siècle le plus
troublé que l'Europe ait connu ; et aucune
liberté publique n'a été compromise ; nos institutions sont debout, encore solides. Et ce qu'il a
fait, il l'a fait par lui-même, puisqu'il n'a eu
d'autres guides que les hommes sortis de son

propre sein. Constitué tout d'une pièce, au lendemain même de la révolution, sans qu'aucune autorité traditionnelle fût là pour le contenir et le diriger, il a dû trouver dans son bon sens naturel l'unique critérium de ses actes; et non seulement il a gouverné le pays, mais il s'est émancipé lui-même. Aujourd'hui le corps censitaire belge est, dans les villes tout au moins, pénétré d'idées aussi élevées et aussi généreuses que celles qui peuvent avoir cours chez n'importe quel autre peuple. Il n'est pas à croire, sans doute, que ces idées prévaudraient par leur propre force, si les intérêts économiques des censitaires étaient directement en péril. Mais, suffisamment encouragées et soutenues, elles peuvent être d'un grand secours aux adversaires même du censitarisme exclusif.

Ce sont là, me semble-t-il, des preuves incontestables de capacité politique. La politique, en effet, est l'art de diriger le pays et de se diriger soi-même à travers les situations changeantes qu'apportent les hommes et les événements, de façon à avancer vers le but entrevu, tout en conservant l'intégrité de ses forces et en les augmentant si c'est possible. C'est un instinct bien plus que ce que nous appelons une science, ou plutôt c'est un instinct formé, comme la science elle-même, de réflexion constante, d'observation continue, de prudence et de hardiesse; ne concluant pas au-delà des prémisses, mais sachant tirer des circonstances tout ce qu'elles contiennent; s'appuyant de la conquête de la veille pour assurer celle du lendemain, mais ne risquant pas de compromettre ce qui est acquis pour courir à la conquête de l'impossible; science intime, presque innée chez certaines races et chez certains hommes, et à laquelle aucune science apprise ne supplée. A l'origine de toutes les grandes formations politiques et sociales, cet instinct se retrouve; et là où il existe, quelque chose sera fondé qui durera; là où il fait défaut, les forces les plus considérables ne seront que des éléments de perturbation, dangereux à ce qui les entoure et à eux-mêmes. Ignorance, instruction, mots vides en politique. Des rois qui ont fait la monarchie en Europe, la plupart ne savaient pas lire, et la monarchie dure encore. L'Église a été formée par une suite ininterrompue d'hommes, quelques-uns doués de génie, mais le grand nombre fort étrangers à toute science. Sans doute, notre époque n'est pas comparable aux temps barbares, et, pour se retrouver au milieu des idées, des intérêts et des événements d'aujourd'hui, il faut des notions et des vues que d'autres siècles ne pouvaient connaître. Mais qui en dressera la liste et qui en donnera la formule? C'est immense ou ce n'est rien; c'est l'encyclopédie ou c'est le bon sens élémentaire de l'homme qui a le sentiment du temps où il vit. Comment s'acquiert ce sentiment? Par le contact, par l'échange de vues, d'aspirations, avec d'autres hommes qui ont les intérêts, les idées, les craintes et les espérances de notre siècle et du milieu où nous vivons. Cette faculté de comprendre la situation générale, et d'en deviner les exigences et les nécessités, est donc bien plutôt une résultante des influences que l'on subit et un produit naturel du milieu où l'on vit, qu'elle n'est le résultat d'une étude particulière; ce sens profond du possible et de l'impossible, en quoi se résume la politique, est donc une expression de la collectivité bien plus qu'elle n'est une notion personnelle; elle tient aux circonstances ambiantes, au centre où l'on pense, bien plus qu'à une culture systématique et distincte. Individuellement, en politique, personne ne peut rien, je dirai même, ne sait rien; l'on ne peut et l'on ne sait que par le rapport et le rapport constant qui s'établit entre chacun de nous et les courants d'idées et d'intérêts qui nous enveloppent : c'est avec eux, par eux et pour eux qu'il faut agir, les yeux fixés vers un but aussi élevé qu'on voudra, mais baignant jusqu'au cou dans le milieu social, et participant par on ne sait quelle affinité mystérieuse à ses mouvements les plus puissants comme les plus secrets; non, certes, pour y obéir passivement, mais pour y démêler les tendances sérieuses des agitations factices et les directions décisives des fluctuations d'un jour. Car même la puissance et l'universalité d'une opinion n'est pas une indication suffisante de son excellence. Une société est un organisme, et il faut savoir combattre les fièvres qui détruiraient l'organisme, dussent-elles envahir de la tête aux pieds le corps social et ne lui laisser plus la conscience de lui-même.

S'il en est ainsi, si le sens politique est l'intuition même des nécessités et la conscience des intérêts permanents ainsi que des destinées supérieures de la nation, certes, un peuple qui aurait trouvé en lui-même toute une classe d'hommes à laquelle il aurait confié sa fortune, et qui après un long espace de temps, n'aurait à reprocher à ce corps gouvernant aucune faute grave de nature à compromettre sa liberté et sa prospérité, ce peuple n'aurait pas le droit quelque jour, de condamner un pareil corps comme incapable. On pourrait mettre en question sa compétence et ses aptitudes sous d'autres rapports, mais non sous celui de la capacité politique.

II

La raison sérieuse qu'on aurait à faire valoir contre la prépondérance de cette classe unique, c'est que d'autres éléments dans la nation, ou mieux la nation tout entière se sentirait en mesure de se suffire et de gouverner ses intérêts, et refuserait désormais de supporter une tutelle, qui n'est, à la vérité, acceptable que si elle est nécessaire. Sans aucun doute, quelques services que rende une tutelle, elle n'est légitime que jusqu'au jour où le pupille peut devenir son propre maître; et si la grande masse du peuple en Belgique se sent aujourd'hui capable d'exercer directement et par lui-même sa souveraineté, il est juste qu'il la revendique. Il est donc naturel, comme la souveraineté se manifeste par la nomination des mandataires, que le peuple entende prendre part à ces désignations, qu'il réclame le droit de suffrage électoral. L'idée la plus simple qui vienne à tout le monde est, en effet, que celui qui participe au droit de suffrage prend sa part de la souveraineté, et que ce serait faire de notre régime bourgeois une démocratie effective, que d'appeler la masse du peuple au scrutin.

Les choses ne sont pas aussi simples. L'attribution du droit politique ne confère point la souveraineté réelle. Déplacer le droit, ce n'est point par là même déplacer l'autorité. Il se peut que l'ancienne soit perdue, mais qn'aucune autorité nouvelle ne soit acquise; il se peut aussi qu'elle reste en fait où elle était, et que son extension apparente ne soit qu'un trompe-l'œil et un mensonge. Double danger : dans le premier cas, la société même, n'ayant plus de direction acceptée, menace de périr ; dans l'autre, le mensonge dans les lois jette la perturbation dans les faits, et une nation, à se tromper elle-même, devient son pire ennemi. L'autorité réelle est de formation historique et positive; elle se fait d'elle-même, spontanément, comme toute les forces naturelles, et quand elle se montre, il est impossible de la nier. Elle s'impose, — elle n'a même pas d'autre moyen de se fairere connaître, — parce qu'elle est l'autorité.

Dans chacun des pays voisins, on peut en suivre la filiation à travers le temps. La démocratie en France est aussi vieille que la France elle-même. Elle a pendant de longs siècles trouvé son expression, son symbole et son bras dans la royauté, toujours en guerre avec les seigneurs comme avec les bourgeois, et lorsqu'en 1793, la royauté est tombée, la démocratie est apparue dans son unité et dans sa force accomplie, sans aucun contrepoids possible. Il a fallu les terribles saignées du premier Empire, pour l'affaiblir au point de se laisser dominer un temps, par les nobles d'abord, par les bourgeois ensuite ; mais pas un jour elle n'a abandonné la revendication de ses droits, et quand elle s'est sentie restaurée, elle s'est remise en possession d'elle-même. Le suffrage universel a été la forme spontanée de sa souveraineté. Nul ne le lui a octroyé. Elle l'a pris, comme Achille prend ses armes : de droit naturel.

De même en Allemagne. M. de Bismarck, qui a rendu le suffrage universel au peuple allemand, en même temps qu'il constituait l'Empire, disait le 17 septembre 1878, dans la discussion sur l'agitation socialiste, au *Reichstag* : « Jamais, en aucune circonstance, je n'aurais pu songer à l'*octroi* du suffrage universel. Une idée aussi excessive ne m'est jamais venue à l'esprit. J'ai accepté le suffrage universel, non sans quelque résistance, comme une tradition du Parlement de Francfort. Dans les luttes *allemandes* avec les adversaires de l'Empire, cette carte-là avait été jouée et nous l'avons trouvée comme un legs trouvé sur la table... Il ne me paraît ni meilleur ni pire qu'un autre [mode électoral. »

M. de Bismarck, reprenant, pour la faire entrer dans les faits, l'idée germanique telle qu'elle était sortie de la Révolution de 1848, l'acceptait avec son couronnement, l'empire, mais aussi avec sa base, le suffrage universel. Ce grand politique ne transige jamais avec la vérité des choses. Il ne fait qu'accoucher la réalité avec une puissance d'objectivité et de compréhension qui peut-être n'a jamais été égalée. C'est pour cela que cet Empire allemand, qu'il a fondé, semble avoir déjà la solidité d'un établissement séculaire.

Aux États-Unis, le suffrage universel et la démocratie sont congénères à la création même de l'état nouveau et pour ainsi dire consubstantiels au peuple américain. L'aggrégation d'individus et de groupes, allant en un siècle jusqu'à former cette masse immense de tant de millions d'hommes, s'est faite toujours sur le pied de la liberté et de l'égalité politiques. La démocratie américaine n'a connu qu'une seule crise, née du développement dans les pays esclavagistes d'un

principe opposé à la souveraineté démocratique.
Il a fallu par la force extirper le principe escla-
vagiste. Et c'est à quoi le peuple américain s'est
résolu virilement, quoi qu'il dût en couter.

Le suffrage populaire et la démocratie sont
donc intrinsèques à ces grands peuples. Il ne
s'agit pas de savoir s'ils y produisent des résultats bons ou mauvais, pour qu'en conséquence
telle autre nation accepte ou répudie le suffrage
universel. Il les ferait périr, qu'ils ne s'en débar-
rassaient plus, comme il faut que je vive avec la
constitution lymphatique ou sanguine que j'avais
en naissant; le régime peut la modifier quelque
peu; je pourrai m'en applaudir ou m'en plaindre
suivant les circonstances; mais chacun meurt
des causes qui l'ont fait vivre, et les peuples
démocratiques périraient immédiatement par
l'excès contraire. Certaines époques sont plus
favorables à l'un ou à l'autre tempérament. Un
temps comme le nôtre, où les intérêts particuliers prennent une place si énorme, n'est pas un
temps propice aux démocraties et peut y provoquer des crises et des périls particulièrement
graves. Aussi le système économique moderne
met pour ainsi dire en état de révolution perma-
nente les peuples démocratiques de l'Europe. On
peut même dire que c'est en opposition avec le

régime économique qu'ils ont senti d'autant plus énergiquement le besoin d'affirmer leur sentiment égalitaire par l'adoption du suffrage universel. Au fond, ils n'ont fait qu'accentuer les contradictions, compliquer les difficultés : d'où, par exemple en France, cet étrange phénomène des ouvriers rejetés dans l'intransigeance et le nihilisme, sous le régime égalitaire de la République. Mais qu'importe : les temps passent et le tempérament reste. La France se dévorera elle-même plutôt que de cesser d'être démocratique. Mais dût-elle se trouver à son régime le plus haut point de prospérité et de force, son exemple serait perdu pour d'autres nations d'un autre tempérament qu'elle.

Ainsi, peut-on croire que l'Angleterre, avec le développement historique qu'on lui connait, arrivera jamais à la conception unitaire et simpliste de la France? L'Angleterre s'est faite par la formation successive de classes, qui chacune ont revêtu non seulement une physionomie sociale particulière, mais ont trouvé une formule distincte. Et chacune des formations postérieures a respecté les précédentes, et a cherché à vivre à côté d'elles d'une vie propre, sans envier, sans contester leur place au soleil. La noblesse et la grande propriété terrienne se sont concrétees en un groupe qui a sa représentation politique dans la Chambre des lords. A mesure que la bourgeoisie, petits propriétaires, commerçants, industriels, s'est développée, avec elle a grandi la Chambre des communes comme l'expression de sa part d'ingérence dans les affaires de l'Etat. Et aujourd'hui les salariés industriels et même agricoles, au lieu de contester les droits des bourgeois et des lords, se constituent eux-mêmes en groupes indépendants dans les *Trades-Unions*, embryon d'une troisième Chambre, représentation nouvelle, en fait déjà reconnue par les pouvoirs publics, avec lesquels elle traite sur les besoins ouvriers, et qui n'a qu'à durer pour devenir l'organe officiel des intérêts populaires.

Où donc sont l'autorité, la souveraineté? Elles sont où l'histoire et l'évolution normale d'un peuple la placent. En France, sous Louis-Philippe, la souveraineté n'était pas dans la bourgeoisie, qui ne gouvernait que l'arme au bras et sous la menace constante d'une révolution populaire qui a fini par éclater. De même en Angleterre, ce n'est que transitoirement que Cromwell a réussi à y faire camper sa démocratie militaire. Lui mort, l'Angleterre a repris sa pente naturelle. Aussi, lorsqu'en Belgique nous avons à nous demander qui doit exercer la souveraineté politique, nous n'avons pas à chercher en principe à qui elle pourrait être attribuée et qui nous jugerions digne d'en être investi ; nous avons à connaître où l'autorité morale et sociale s'est constituée chez nous historiquement et naturellement, pour en inférer ensuite à qui elle doit nécessairement appartenir au point de vue politique.

III

Il existe en Europe deux pays, bien éloignés l'un de l'autre, mais qui, malgré leur séparation, paraissent unis de par les siècles en des destinées communes : c'est l'Italie et la Belgique. La religion, la philosophie, le goût des arts, les mœurs libres, les dispositions industrielles et commerciales, la tendance naturelle des populations à se grouper en associations, en ligues, en communes : des courants d'opinion presque identiques ; l'horreur de la discipline et du niveau, en font comme deux peuples jumeaux qui, sous des cieux différents, rappellent une même origine, et depuis le moyen âge se sont épanouis ensemble. Ils ont subi, en même temps, de longs siècles d'oppression ; maintenant ils renaissent ensemble à la vie. Ils ont à redouter trois grands dangers communs, la Papauté, l'Allemagne et la France, et ils respirent quand ces trois grandes forces sont divisées, et qu'ayant à s'observer mutuellement, elles oublient de martyriser la pacifique Italie et la paisible Belgique; mais nulle part la vitalité n'est plus grande que chez ces deux races, d'un sang si prodigieux qu'il peuple le monde entier des arts. Et, après des périodes d'anéantissement, il suffit d'un rayon de liberté pour y faire reverdir sur la souche antique un nouveau printemps. Le splendide, le gigantesque épanouissement communal, la renaissance artistique, sont nos gloires mutuelles dans le passé; la guerre à l'Église, la liberté économique, un régime de discussion sont nos caractères semblables dans le présent : il ne semble pas qu'il y ait un signe un peu peu marquant qui ne se trouve également indiqué chez les deux peuples; jusqu'à nos villes, d'un pittoresque si particulier, et qui contraste avec tout ce qu'on voit dans le reste de l'Europe. La parenté s'accuse jusque dans les apparences matérielles.

Pourquoi ces destinées communes, ces ressemblances si profondes? Parce que, depuis l'origine des temps modernes, les deux peuples se sont incarnés en une classe particulière qui a poussé au plus haut degré leurs qualités et leurs défauts propres, et qui n'existe avec la même puissance d'expression chez aucune autre nation du monde : cette classe est la bourgeoisie. Disons les choses comme elles sont : en Italie et en Belgique, la bourgeoisie a tout absorbé, elle a tout fait, elle est tout. Chez les deux nations, elle a détruit la noblesse, écarté le paysan, soumis le peuple ; les formes gouvernementales n'ont été que les figures de sa domination, aussi bien les communes du moyen âge que la monarchie parlementaire d'aujourd'hui ; toujours en lutte avec l'Église, parce que l'Église essaie de coaliser contre elle l'aristocrate et le paysan, elle ne s'est jamais fait battre et a conservé intacte la liberté de son esprit positif et sceptique. Elle accepte l'appui de l'ouvrier contre ses ennemis séculaires, mais à la condition que l'ouvrier lui-même reconnaîtra sa suprématie. Les grandes nations militaires ont eu facilement raison d'elle, chaque fois qu'elle a confié sa défense à des princes, à des soldats, à des armées organisées sur le patron adopté par ces nations militaires elles-mêmes, *jamais* quand les bourgeoisies se sont mises en tête de s'armer et de veiller à leur propre sécurité ; car la race en est tenace, énergique, indomptable, et plus encore en Belgique qu'en Italie, où les mœurs sont plus faciles et les tempéraments moins robustes. Dans nos vieilles communes belges, les gros bourgeois, les petits bourgeois se sont entre-combattus et ont fini par se détruire les uns les autres; sous les gouvernements espagnol, autrichien, français, hollandais, nos bourgeois se sont renfermés en eux-mêmes, se sont contentés de gérer leur maison, leur corporation, leur commune, étrangers aux affaires générales qni se traitaient au-dessus de leurs têtes; et lorsqu'en 1830, nous avons fait notre révolution, nos bourgeois avaient conservé leur caractère, leurs mœurs, leur tournure d'esprit et leurs allures, comme si jamais un étranger n'avait mis le pied en Belgique. Aussi, sont-ils entrés de plain pied dans la politique avec leur esprit modéré, réfléchi, patient, et aussi, ajoutons-le, étroit et exclusif, administrant les affaires publiques en bons pères de famille, mais en pères qui veulent être des maîtres, et d'une famille qu'ils restreignent trop souvent à ce qui les touche de près. Il est bien certain que sans se montrer ouvertement tyranniques et en laissant subsister pour tous les libertés dont eux-mêmes avaient le premier besoin, ils ont toujours négligé, s'ils ne les méconnaissaient pas entièrement, les intérêts qui n'étaient pas exclusivement des intérêts bourgeois. Tout ce qui touche au bien-être, à la moralisation, à l'instruction populaire, ne les à intéressés que lorsque eux-mêmes étaient en jeu. Ils ont assaini les villes par peur des épidémies, ils ont développé l'instruction publique par peur des prêtres, ils ont travaillé à la prospérité générale pour emplir leurs caisses. Les lois faites en d'autres pays et favorisant directement l'avenir de la classe la plus nombreuse et la plus pauvre ont été par eux systématiquemeet écartées ou acceptées sans générosité et sans largeur. Le travail odieux des femmes et des enfants, le sort des invalides et des infirmes du travail, la journée normale, les syndicats ouvriers, l'hygiène des usines et manufactures , l'enseignement professionnel , l'instruction obligatoire, les règlements de fabriques, les lois de milice, tant d'autres questions nécessaires n'ont pas été ou ont été incomplètement touchées. Ils encouragent les arts pour le luxe de leurs monuments et de leurs demeures, la science pour son utilité immédiate, mais là encore, rien ne se fait qui dépasse le niveau des besoins bourgeois. Le grand art est mort, les hautes études en Belgique sont en pleine décadence.

Aussi, dans nos écoles primaires et moyennes, l'enfant du peuple n'apprend que ce qu'il oubliera le lendemain, lorsqu'il devra gagner sa vie et se consacrer à sa profession manuelle; nos universités ne sont que la préparation aux professions libérales sans aucun souci de la haute culture scientifique et philosophique. Encore vingt ans de ce régime, et la bourgeoisie belge aura frappé de paralysie ces deux grandes forces, sans lesquelles elle-même restera impuissante dans sa concurrence vitale avec les autres nations de l'Europe, le Travail intelligent et capable d'un côté, la Science inventive et féconde de l'autre. Elle sera comme un oiseau qui, par mesure de précaution, se ferait couper les deux ailes.

Ne cherchons donc pas à le nier. La force historique, sociale, qui, dans notre pays, à la première place, qu'une révolution même ne réussirait pas à en déposséder, qui incarne si bien notre race qu'on ne se l'imagine pas un seul instant absente ou soumise, qui atteste en elle l'autorité, la souveraineté par un exercice ininterrompu, qui a fait à son profit nos institutions et refait à son image notre peuple tout entier, car nos ouvriers, nos paysans même, pour qui les connait, sont au fond des bourgeois sans l'instruction politique et sociale de la classe dominante : la force historique, souveraine chez nous, c'est la bourgeoisie.

Mais reconnaissons-le de même : nos maîtres bourgeois, s'ils n'ont jamais mis en péril notre existence comme peuple et nos libertés nationales, ne peuvent pas rester seuls chargés des intérêts qui ne sont pas strictement les leurs, et qui historiquement aussi se sont constitués à leur côté; intérêts primordiaux cependant, qu'eux-mêmes ne peuvent négliger sans danger. Et c'est deux grands intérêts méconnus sont le Travail et la Science.

Ainsi, capacité politique incontestable; autonomie traditionnelle indestructible; en même temps, méconnaissance de deux intérêts fondamentaux, illégitime vis-à-vis des sacrifiés, fatale au pays et en dernière analyse, mortelle à la classe dominante elle-même, tel est le bilan de la bourgeoisie.

IV

Quel remède porter à cet état de choses, quel remède possible et pratique?

Comment faire reconnaître par la bourgeoisie les deux grands intérêts qu'elle néglige? comment donner à ces intérêts des garanties telles que, désormais, ils puissent se défendre eux-mêmes, au besoin revendiquer efficacement leur place au soleil?

Dans un pays parlementaire, le remède unique est d'appeler les intérêts méconnus à la délibération et à la participation du pouvoir avec les intérêts dominants.

De là, le mouvement en faveur de la réforme des lois électorales.

Et si le diagnostic que je viens d'établir est exact, nous devons retrouver ces deux préoccupations majeures, science et travail, dans les plans de réforme sortis jusqu'ici spontanément des discussions publiques, car un pays libre finit toujours, consciemment ou non, par formuler ses véritables besoins.

En effet, il y a deux systèmes en présence, et il n'y en a que deux, l'un celui des partisans des travailleurs, l'autre celui des esprits préoccupés des intérêts intellectuels.

Les premiers, les démocrates, concluent par étapes ou directement au suffrage universel.

Les seconds demandent la substitution de ce qu'ils appellent « la capacité » au cens, ou bien encore l'abjonction des capacités.

Examinons rapidement les deux systèmes.

Leur plus grand défaut serait de se tourner

immanquablement contre les intérêts qu'ils pré-
tendent servir.

Tout, d'abord, que nous donnerait le suffrage
universel? dans un pays foncièrement démocratique tel que la France, où la bourgeoisie n'a ni
une organisation, ni une tradition, ni une autorité comparables à ce que la nôtre, où la masse
des paysans et des ouvriers est en proportion
bien plus considérable que chez nous, la représentation est tout entière bourgeoise. Une ex-
cellente loi a été faite, celles des syndicats ouvriers : on s'occupe déjà de la détruire dans le
fait ; d'autres lois sont populaires, celle de l'enseignement obligatoire et du service personnel :
elles ont été votées sous la pression des événements militaires ; tous les pouvoirs publics sont
en guerre ouverte avec les classes industrielles,
infestées d'esprit révolutionnaire ; le souffle de la
Commune gronde encore au fond des masses ouvrières, et la Commune a éclaté après vingt ans
de suffrage universel ! Quant à l'Allemagne, ne
voit-on pas les ouvriers, pour avoir quelques-
uns des leurs au Parlement, obligés de se sépa-
rer dans les villes de tous les éléments bourgeois
et de ne prendre parti que pour eux-mêmes?
Certes, le mouvement socialiste y a obtenu des
résultats, puisqu'il a influé sur la politique éco-

nomique de M. de Bismarck, préoccupé d'enlever aux socialistes la partie pratique de leur programme; mais, spectacle digne d'attention, M. de Bismarck lui-même, appuyé d'une partie des conservateurs, ne réussit pas à faire pénétrer sa politique semi-socialiste au Parlement élu par le suffrage universel. La coalition des éléments bourgeois suffit à rendre impuissant même M. de Bismarck. Ainsi donc, la révolte en France; en Allemagne, la séparation. Que serait alors le suffrage universel en Belgique? L'écrasement des travailleurs. Pour quelques députés socialistes élus peut-être dans les centres industriels, la bourgeoisie tout entière, avec son irrésistible force, réagirait et rendrait la position intenable aux démocrates.

Sera-ce ainsi toujours en France et en Allemagne? Qui le sait? Aujourd'hui rien, demain tout peut-être. Que les ouvriers et les paysans s'unissent et comprennent, tout disparaîtrait devant eux; mais c'est cette effrayante *alea* du suffrage universel, tout ou rien, qui, précisément, empêchera les partis conservateurs de désarmer jamais vis-à-vis du peuple. Et à mesure que le parti populaire grandira, la réaction se fera plus terrible, puisqu'il ne s'agit pas ici d'un partage amiable de souveraineté, mais d'une question de vie ou de mort. Déjà aujour-d'hui, la discipline militaire, la mise hors la loi des socialistes paraissent des conditions d'existence inséparables du suffrage universel allemand, de même qu'en France un pouvoir fort et la centralisation à outrance sont devenus malheureusement des nécessités politiques. En Belgique, le danger ne serait pas moindre. Je raisonne en négligeant volontairement de me mettre au point de vue de nos partis actuels, libéral et catholique, parce que les catholiques sont conservateurs avant d'être catholiques et que les libéraux sont bourgeois en même temps que libéraux. De deux choses l'une : ou le suffrage universel en Belgique ne produirait rien, et, dans 'ce cas, ce n'est pas la peine de le demander; ou bien il effrayerait, et, dans ce cas, il réunirait contre lui tous les éléments bourgeois et conservateurs. Que ceux qui connaissent le pays se demandent ce qu'on ferait pour vaincre une pareille résistance; et dût-on la vaincre, à quelles extrémités on exposerait le pays. Une des garanties du peuple est la division existant chez nous, dans les classes dominantes, entre catholiques et libéraux. Si la peur faisait cesser la division, la réaction pourrait être terrible.

L'adjonction des capacités au cens donnerait-
elle, au point de vue intellectuel, des résultats
plus sérieux que le suffrage universel au point
de vue démocratique? Je ne le crois pas.

Deux hypothèses sont possibles.

Les capacités à adjoindre seront réelles et ne
comprendront que les possesseurs de diplômes
et les citoyens ayant fait des études m°yennes
complètes; et, dans ce cas, leur adjonction ne
changera rien à l'état actuel des choses. Le petit
nombre des nouveaux électeurs ira se fondre
dans la masse du corps électoral, sans y peser
plus que n'y pèsent déjà les capacités aujour-
d'hui; le niveau moyen restera sensiblement le
même, et, dans tous les cas, l'intérêt bourgeois,
déjà suffisamment puissant, n'en sera que for-
tifié. Il aura absorbé et noyé en lui tout ce qu'il
peut encore exister d'éléments indépendants et
instruits dans les classes non représentées de la
nation; le sacrifice pour celles-ci sera définitivement et irrémédiablement consommé et la bourgeoisie, mieux préservée encore par cette adjonction du côté des classes populaires, pourra
les négliger plus encore qu'aujourd'ui et même
ne plus les admettre au même degré à cette
communion scientifique à laquelle conduit au
moins notre organisation scolaire.

Mais si, d'après la seconde hypothèse possible, on se contentait de placer le degré de capacité si bas qu'il ne présenterait plus aucune garantie intellectuelle, dans ce cas, le principe nouveau ne serait plus qu'un acheminement vers le suffrage universel et vers les dangers que j'ai signalés plus haut. En effet, ce ne serait plus alors l'abjonction des « capacités » qui donneraient au corps électoral un appoint intellectuel, ce serait l'abjonction d'une foule d'intérêts autres que ceux de l'intelligence, et, par conséquent, la confusion en un seul corps de tous les intérèts et de tous les éléments quelconques de la nation, ce qui est proprement le principe même du suffrage universel. Et alors, comment ne pas aller immédiatement jusqu'au bout? Comment établir une limite, une barrière qui ne serait pas franchie du premier jour? On parle de n'admettre que les citoyens sachant lire et écrire ou même calculer. Mais comment faire reposer les institutions sur une base aussi fragile, aussi éminemment variable? Avec le personnel dont disposent les partis dominants, et notamment le parti clérical, qui commande à tout un clergé payé par l'Etat, dans l'intervalle d'une élection à l'autre, des milliers d'hommes pourraient être adressés à l'électorat, puisqu'il suffirait pour devenir électeur de la simple constatation de la lecture; mais qui peut assurer qu'au lendemain du vote ils n'oublieraient pas le peu qu'ils savaient? Une fois inscrit sur les listes, resterait-on électeur pour toujours? ou bien faudrait-il des examens périodiques? Et qui s'en chargerait? Quelle garantie de justice présenteraient les partis? Effrayantes complications, dont on ne sortirait qu'en donnant à tout le monde le droit électoral.

D'autres, ne se contentant pas de l'objection, demandent que le corps censitaire démissionne pour se faire remplacer par une élite exclusivement recrutée parmi les « capables ». Mais alors, ou bien il n'y aurait plus comme électeurs que des capacités prouvées et contrôlées, et certes le pays ne consentirait pas à se laisser gouverner par une poignée d'hommes aussi exclusive, ou bien la capacité serait infime, et, dans ce cas, une capacité illusoire ne serait encore une fois que le masque du suffrage universel.

Ainsi le suffrage universel se retournerait contre le peuple; le principe capacitaire se retournerait contre la science et les droits de l'intelligence.

V

L'Italie a cherché à tourner la difficulté. Avec une constitution bourgeoise semblable à la nôtre, ayant à tenir compte des mêmes résistances et à redouter les mêmes dangers, les Italiens ont fait récemment une loi électorale qu'ils ont essayé de calquer sur l'état effectif des forces sociales. En effet, leur principe, comme le nôtre, était de faire du pays *légal* l'expression la plus exacte possible du pays *réel*. Pas plus que nous, l'Italie ne voulait du suffrage universel, qui eût été un mensonge ; et cependant elle admettait à côté de la bourgeoisie censitaire de donner une part du pouvoir à d'autres éléments sociaux, de formation plus ou moins récente, mais qui faisaient désormais partie intégrante de la société, et, par là même qu'ils y exerçaient une influence normale, avaient droit à voir cette ifluence acceptée et régularisée par la loi. En effet, pour eux comme pour nous, le droit électoral ne devait être que la reconnaissance officielle et légale du jeu normal des influences légitimes.

Du moment où l'on se plaçait à ce point de vue, il eût été bien difficile de ne pas admettre que, dans notre société moderne, les trois fac-

teurs principaux, je dirai les facteurs uniques,
sont le Capital, la Science, (avec les arts) et le
Travail et, consciemment ou non, M. Depretis
a dû composer son corps électoral de citoyens
appartenant à ces trois CATÉGORIES d'activité.
En effet, quand on ne considère pas le droit politique comme un droit naturel émanant d'un
principe inné : la qualité d'homme et de citoyen ;
quand on n'en fait point une sorte de figure
et d'expression métaphysique, immanente en
chaque régnicole au moment où il vient de naître ; quand, par conséquent, on n'admet pas le
suffrage universel comme une religion de la cité
dont on ne pourrait avec justice exclure personne, il faut bien chercher la base du droit
dans la fonction sociale ; et alors, puisque la
société ne subsiste que par le concours de forces
diverses et équilibrées, il faut bien ranger les
électeurs par catégories, d'après les fonctions
qu'ils exercent. Il n'y a plus dès lors qu'à résou-
dre ce double problème : déterminer exactement
les catégories et assurer à chacune la part d'importance qui lui revient en regard des autres
conditions sociales. Car, par là même que l'on
se place au point de vue social, il faut nécessairement apporter et savoir appliquer une conception déterminée et précise de la société au milieu

de laquelle nous vivons, de même qu'on doit avoir une prévision des transformations probables de la société actuelle et du sens dans lequel elle doit évoluer.

L'ordre social n'est pas, en effet, un corps inerte : il a subi, il subira encore des changements profonds par l'action organique des éléments qui le composent. Sous peine donc de faire de la forme politique un lien étroit et gênant, qui devient une entrave à la croissance normale et que la société briserait d'un moment à l'autre, il importe de prévoir par quelle partie se fera le développement, pour laisser de ce côté plus d'aisance et de liberté : l'on ne se serre et ne comprime les jeunes gens ni à la tête, ni à la poitrine. Mais les deux obligations sont également strictes ; il faut en même temps démêler les catégories et assigner à chacun sa part proportionnelle d'influence.

Point de doute, par conséquent ; telle sera la conception de l'ordre social, tel sera le classement de ses forces, et, comme toujours, le résultat obtenu restera adéquat à la méthode employée.

Or, M. Depretis, quoique acceptant le point de vue que nous regardons comme le véritable, n'a point obtenu un résultat que nous puissions

admettre comme définitif, parce que sa conception sociale a été incomplète, et que sa méthode
a été insuffisante. Pour mieux dire, il n'a pas eu
de méthode du tout. Considérant qu'il devait
accorder des droits au capital, à l'intelligence et
au travail, et assurer cependant la prépondérance bourgeoise, — puisque l'ordre social ita-
lien est en somme un ordre bourgeois, — il a
d'un côté maintenu un cens électoral, et l'autre
adjoint aux censitaires toutes personnes lui pa-
raissant à un dégré quelconque dénoter de l'intelligence ou l'occupation d'une fonction utile.
De là une promenade à travers toutes les sociétés publiques et privées, à travers tous les
groupes d'ordre public, industriel, commercial,
artistique ou scientifique, pour cuellir et recolter
partout les individualités donnant une garantie
quelconque de capacité. On demande une seule
condition générale, celle de savoir lire et écrire,
mais cela étant, il suffit d'avoir été choisi, dé-
signé par n'importe qui, à n'importe quel grade,
service, emploi, pour être électeur. Il n'y a que
deux exclusions collectives, mais elles sont ex-
presses : celles des domestiques et celles des
ouvriers manuels, assimilés ainsi aux domestiques. Quant au cens électoral, il se détermine
soit par le paiement d'une certaine quotité d'im-

pôts, soit par l'importance de la maison et du fond que l'on habite.

Ce qui montre que ce n'est pas là une œuvre personnelle à M. Depretis, mais bien l'expression de la pensée italienne, c'est que le premier projet de M. Depretis, du 17 mars 1879, le projet de la commission nommée par la Chambre, et le projet définitif du 31 mai 1880, ne diffèrent entre eux que par les détails, les principes restant identiques. Et pour rechercher la genèse de cette nomenclature de personnes adjointes au corps censitaire, on peut consulter le statut napolitain du 10 février 1848 (art. 56), la loi hongroise du 26 novembre 1848 et la loi électorale du Brésil du 20 octobre 1875. C'est en 1848 que le principe de l'adjonction des capacités au cens a fait son apparition à la fois dans le royaume de Naples, le grand-duché de Toscane et les États pontificaux.

Or, le tort de M. Depretis a été d'aller quérir le principe nouveau dans des lois spontanées, telles qu'elles pouvaient naître en un jour, à cette époque révolutionnaire de 1848, ou bien dans des lois insuffisamment étudiées pour des sociétés inférieures, telles que la loi brésilienne. De là un manque évident de hardiesse et de logique dans sa conception.

En effet, si l'on peut admettre que les censitaires ou les occupants de maisons ou de fonds d'une valeur suffisante représentent, au point de vue économique, la bourgeoisie urbaine et rurale dans tous ses éléments, il est évident que toutes les catégories adjointes vont, ou bien, par le petit nombre des élus, se fusionner avec les éléments économiques de la bourgeoisie, ou bien, si la fusion n'est pas faite, qu'elles n'auront pas une indépendance suffisante pour lui faire contre-poids. Les capacités adjointes se partagent *grosso modo* en trois classes principales : les professions libérales, qui n'ont certes pas de titulaires assez nombreux pour peser efficacement au nom de la science sur la bourgeoisie économique; les employés particuliers, qui n'ont pas assez d'indépendance vis-à-vis de leurs maîtres pour pouvoir prendre une direction particulière; et les employés et fonctionnaires civils et militaires de l'État, qui, s'ils devaient recevoir une impulsion spéciale, risqueraient non d'éclairer la bourgeoisie, mais de mettre en danger l'indépendance même du corps électoral. Qu'est-ce donc, en somme, que la loi italienne ? La bourgeoisie dominante renforcée, avec une action exagérée, accordée au gonvernement, par la pression qu'il peut exercer avec l'aide de ses agents civils et militaires. Au fond, avec un corps électoral plus nombreux, il n'y a donc rien de changé, si ce n'est plus d'influence donnée à l'État ; et cela par une raison péremptoire : en regard de pures individualités ainsi raccolées, on écarte systématiquement la seule collectivité sociale capable de faire contrepoids à la collectivité bourgeoise : on écarte le peuple ouvrier.

Les capacités ne vont donc que rendre plus puissant encore le groupe économique possesseur et propriétaire, et cela sans profit pour elles-mêmes.

Le travail, sous cette force encore accrue, reste plus écrasé que jamais.

VI

Si ce qui précède est vrai, les conclusions s'imposent.

Les capacités réelles ne peuvent, par leur petit nombre, garantir suffisamment les intérêts des sciences, des lettres et des arts, si elles exercent leurs droits politiques confondues avec la masse de la bourgeoisie économique : Il faut donc les en distinguer et leur donner dans l'Etat une expression particulière qui leur permette de défendre leurs intérêts propres.

Le peuple salarié reste écarté systématiquement et complètement, parce que l'on craint
qu'en l'admettant avec son immense majorité
numérique, il ne prenne pour lui toute la part
ou une part en disproportion avec son importance sociale réelle : il faut donc s'arranger de
façon à l'admettre pour une part proportionnelle
seulement à sa valeur sociale, et sans que son
nombre puisse absorber ou anéantir les autres
éléments sociaux.

Il n'y a de solution à ce double problème que
par la séparation des catégories d'intérêts et la
constitution de trois corps spéciaux d'électeurs,
défendant chacun par lui-même les droits distincts du Capital, du Travail et de la Science.

En Belgique, les électeurs à 10, 20 et 42 francs
pour la commune, la province et l'Etat, comprennent, on peut le dire, toute la bourgeoisie
dans tous ses éléments économiques : capital,
propriété, commerce. Certes, cette détermination
n'est pas scientifiquement exacte; il serait du
reste impossible de dire où l'intérêt capitaliste-
propriétaire commence et où il finit, où la petite
bourgeoisie se sépare de la grande, par quel
côté la petite bourgeoisie confine au peuple ouvrier et à quelle ligne elle s'en sépare. Mais, en
somme, puisque les lois qui font cette délimita-

tion entre la bourgeoisie gouvernementale et le reste du peuple existent, puisque ces lois ont été faites sur des indications approximatives qu'ont dû suivre les législateurs, et qu'elles déterminent trois degrés différents d'après l'importance des intérêts généraux qu'il s'agit de gérer, le mieux est de s'en contenter. Une autre démarcation serait aussi peu scientifique, et l'on ne voit pas qu'un seul intérêt, capitaliste, propriétaire, commercial, ne soit pas représenté dans ce grand corps. Il importerait peu d'y ajouter quelques centaines ou quelques miliers de personnes de plus, puisque nous cherchons à représenter non pas les individualités, mais les intérêts, et que l'intérêt collectif ne change pas parce que la représentation proportionnelle qui lui serait accordée serait nommée par un nombre un peu plus ou peu moins grand d'individus. Du reste, les intérêts capitalistes et propriétaires n'auraient qu'à se constituer dans leur trois grandes divisions, agriculture, industrie et commerce, en syndicats organisés pour prendre complètement conscience d'eux-mêmes et imprimer à la représentation bourgeoise la direction exacte qu'ils jugeraient utile. On peut donc dire qu'ils suffirait de maintenir le corps actuel des censitaires tel qu'il existe, pour que la bourgeoisie conservât dans l'Etat la place qui lui revient et que sa capacité politique lui assure.

La bourgeoisie censitaire restant ainsi en possession de son droit historique et s'appliquant principalement, comme elle l'a toujours fait, à la solution des questions économiques qui l'intéressent, il faudrait nécessairement, pour faire respecter les droits de la science et des arts, constituer, en face de cette bourgeoisie, un corps composé de ceux chez lesquels les choses de l'intelligence prennent une importance suffisante pour qu'ils les mettent en balance avec tout autre intérêt social ; et socialement on ne connait l'importance d'une fonction que lorsqu'on est obligé d'en vivre, et de trouver en elle la garantie de son existence. Cette seconde catégorie comprendrait donc les professeurs, médecins, artistes, avocats, instituteurs, journalistes, fonctionnaires, tous ceux dont le capital sont l'intelligence et le cerveau, dont les produits ne peuvent être pesés par l'or du propriétaire, ni mesurés à l'équerre de l'artisan, qui ont leurs ambitions à eux, leurs souffrances particulières, mais leur dignité qu'eux seuls peuvent comprendre et qui est, en somme, la dignité même de la science et de l'art. De même que la bourgeoisie économique est tout entière dans l'industrie, le commerce et l'agriculture, par lesquels elle se développe et prospère, de même ici et pour cette seconde catégorie, il ne s'agirait pas d'individualités à ramasser de toutes parts et à réunir sans méthode, il s'agit d'un organisme vivant et complet, celui de la science et de l'art, constitué dans les universités, dans toute cette grande armée de l'instruction publique, dans les corps savants, dans les académies, dans les groupes artistiques et littéraires, organisme immense qui seul sait ce qu'il peut et ce qu'il lui faut et qui, lui aussi, a pleine conscience de lui·même.

La Convention nationale avait eu cette grande et féconde idée de faire de toute l'instruction publique, depuis l'école primaire jusqu'à l'Institut, une grande institution indépendante, remplaçant ce qu'avait été autrefois l'Église, le pouvoir moral et intellectuel, maître de ses propres destinées, ayant ses fonctions, son budget, sa personnification civile, comme avait autrefois l'Église. C'était la Science, prenant définitivement et avec une puissance égale, la place de la Foi. Sans demander autant, au moins voudrions-nous que la science et l'art eussent leurs représentants propres et ne fussent pas, comme dans les pays censitaires, sous la sujétion de l'argent aveugle, ou, comme dans les pays de suffrage universel, à la dévotion du peuple ignorant.

Mais à côté de ces deux grands intérêts qui sont en même temps deux organismes, nous voudrions que la loi électorale fît place, et une place suffisante, à cette multitude des salariés et des artisans, qui forment par leur nombre immense la grande force matérielle, la souche productrice et l'élément fécond et réparateur de la nation, mais qui, par leur état inorganique, ne peuvent pas raisonnablement revendiquer le gouvernement et la suprématie. Car, au fond, ce qu'on appelle le peuple n'est encore que la foule, et nous y sommes encore en plein inorganisme. Tous ces milliers d'hommes travaillent, produisent, pensent, rêvent et s'irritent de leur masse et de leur impuissance, mais partout et toujours encore, ils sont sous la dépendance d'autres forces sociales, conscientes celles-là, qui les commandent, les emploient et les rejettent quand elles s'en sont servies. Il est cependant évident qu'il est de l'intérêt, non seulement de ce peuple, mais même des éléments supérieurs de la nation, que ces foules aient enfin une notion exacte de leur valeur et de l'importance réelle de leur fonction sociale. Il est aussi dangereux de les voir se prévaloir de leur nombre seul et de leur seule puissance physique, qu'il serait néfaste de les voir s'abandonner et se considérer elles-mêmes comme des instruments inertes, car c'est le peuple qui seul peut appliquer le capital et la science, les féconder, leur faire rendre leurs résultats et leurs fruits par la production et le travail. Si donc le capital emploie ces forces fécondes follement, s'il en abuse, s'il les épuise ; si le capital fait tout cela et que le peuple le laisse faire, le capital agit contre son propre avantage, il se dépense lui-même sans réparation possible, car le vrai capital du capital, c'est le peuple travailleur, et en dehors, au-dessus du capital et de la science, le peuple, c'est la nation même, qui ne subsiste qu'autant qu'il est fort et vaillant.

Il est donc de l'intérêt de tous qu'il prenne conscience de lui-même et sache comprendre ses intérêts, qui sont les intérêts mêmes de la nation. C'est le seul moyen d'appeler progressivement à l'organisation cette masse jusqu'ici inorganique et de lui faire produire tout l'effet utile qui est en elle. Elle aussi, en concordance et par opposition à la fois avec la puissance capitaliste, a ses grandes fonctions intrinsèques : l'industrie, l'agriculture et le commerce. Et, comme dans la bourgeoisie, c'est par la constitution de syndi-

cats que ces trois grandes divisions des salariés
finiraient par s'affirmer et se connaître.

Le partage fait ainsi entre les trois grandes
forces sociales, science, capital et travail, et
chacune formant un corps particulier d'électeurs,
quelle serait leur part proportionnelle dans la
représentation nationale?

Si l'on était d'avis que ces trois éléments ont socialement une importance presque égale, ce serait
par tiers évidemment qu'il faudrait diviser les diverses représentations à la commune, à la province
et aux Chambres, et attribuer à chacun de ces trois
corps d'électeurs la nomination d'un tiers des
mandataires de la nation, sauf des dispositions
parlementaires à prendre pour les cas spéciaux.

Le résultat serait celui-ci : comme le Capital
et le Travail, malgré leurs intérêts communs
au fond, sont, dans nos sociétés modernes, dans
un antagonisme perpétuel et seraient en balance
l'un vis-à-vis de l'autre, le troisième intérêt, qui
par sa nature est impartial entre les deux et qui
s'attache d'ordinaire aux considérations les plus
générales et les plus élevées, la Science, servi-
rait entre le capital et le travail à la fois de
tampon et d'appoint, et serait, au milieu de la
division nécessaire des intérêts, l'arbitre et le
garant de l'ordre social.

VII

Tout cela est-il pratiquement réalisable ?
Incontestablement.

Mes honorables amis MM. Vanderkindere,
Goblet d'Alviella et Buls, ont déposé avec moi
sur le bureau de la Chambre un projet de loi qui
indique les linéaments fondamentaux d'une légis-
lation électorale conforme aux principes que je
viens de développer. Certes, le projet n'a rien de
définitif ; il suffit qu'il applique l'idée nouvelle
de la séparation des intérêts : le reste est affaire
de temps et de détail.

Une science ne se constitue que par le classement de ses éléments. Quand ce classement est
exact et complet, la science existe. De même la
science politique ne peut s'établir dans un pays
parlementaire que par l'opposition pacifique et
la discussion publique entre les grands intérêts
organiques. C'est par là que l'Angleterre a rendu
industructible chez elle le gouvernement parlementaire.

Mais nous appartenons, dira-t-on, à un autre
développement historique que les Anglais. La
Révolution française a détruit chez nous toute
distinction d'ordres et de classes. Cette sépara-

tion des intérêts n'entraînerait-elle pas le rétablissement des ordres ? Ne serait-elle donc pas
réactionnaire ?

Tout d'abord, La Révolution a détruit sans
retour l'ancienne société, qui ne revivra plus.
Les ordres de l'ancien régime étaient la noblesse,
le clergé et le tiers; nul ne songe à les rétablir,
le tiers ayant absorbé les deux autres, et les
trois, réunis et confondus, formant aujourd'hui
la bourgeoisie à la fois conservatrice et libérale.
Mais si la Révolution a détruit la société ancienne, il ne doit pas en résulter que la société
nouvelle ne doive pas se constituer à son tour
avec les éléments nouveaux qui lui sont propres.
Or, les éléments nouveaux sont la Science et le
peuple ouvrier, et sous prétexte d'égalité, on ne
fait, en somme, que les tenir dans la sujétion
de la classe héritière de l'ancien régime.

Mais ce rétablissement d'ordres lui-même n'est
qu'un mot sans application. Les ordres étaient
détruits du jour où des membres de la noblesse
et du clergé venaient discuter avec les membres
du tiers dans une assemblée unique et se soumettaient à une majorité commune. Qu'il conti-
nuassent à y représenter plus spécialement les
intérêts des corps auxquels ils appartenaient, ce
n'était plus là un danger. Pour autant qu'un

intérêt subsistait, il valait même mieux, puisqu'ils le voulaient défendre, qu'ils en fussent pleinement et régulièrement instruits, et le mandat impératif est vrai en ce sens que tout mandataire doit se pénétrer le plus complètement possible des intérêts de ses mandants. Mais par là même que tous se soumettaient à la majorité gouvernementale, l'intérêt général dominait nécessairement tout intérêt de groupe ou de corps, et le régime parlementaire et démocratique était constitué. Car le régime démocratique, au sens large, n'est pas précisément le régime où domine la classe populaire, il est celui où l'intérêt général domine nécessairement tout intérêt particulier.

Qu'importe, par conséquent, que bourgeoisie, capacités et peuple travailleur élisent chacun séparément leurs mandataires, puisque leurs représentants, tant à la commune et à la province qu'aux Chambres, voteraient en commun et que la majorité ferait loi ! Parce qu'aujourd'hui la droite représente le clergé et reçoit ses instructions, l'ordre du clergé est-il par là même rétabli ? Non, mais ce qu'on peut dire, c'est que le classement des forces et la séparation des intérêts sont si naturels, qu'aujourd'hui, alors que le Travail et la Science n'ont pas de représentation directe et légale, les anciennes distinctions reparaissent, elles, dans le sein même de la bourgeoisie victorieuse. Et c'est ainsi que la bourgeoisie libérale, qui ne devrait trouver en face d'elle, dans les corps délibérants, que la Science et le Travail, avec lesquels elle saurait s'entendre et agir en commun, a constamment à lutter avec l'ancienne noblesse et avec l'ancien clergé, réunis sous le drapeau catholique et qui, eux, font revivre le vieux monde et mettent chaque jour en péril la société sortie de la Révolution du XVIIIe siècle.

L'INCONNU

1788 — 1830 — 1884

15 octobre 1884.

Il n'est pas facile de savoir toujours ce que veut la Belgique. Elle est peut-être le pays de l'Europe qui recèle la plus large part d'inconnu. Et cela précisément parce que tout le monde croit la connaître. Qui s'est donné la peine de l'étudier à fond et comment s'y serait-on pris pour le faire ? Tout manque, lorsqu'on veut pénétrer sous l'épiderme et chercher les conditions fondamentales, économiques et morales de notre existence particulière; en revanche, il y a

une telle abondance d'informations superficielles
et banales qu'ici le trop-plein fait autant de mal
que de l'autre côté le manque presque absolu.
Car les esprits curieux de quelque indication non
vulgaire ont peine à découvrir une parcelle de
vérité vraie dans ce fatras de choses imprimées,
qui dévalent journellement sur le marché pour
disparaître aussitôt. Et la foule, qui dévore tout
indifféremment, n'a pas le temps de s'apercevoir
qu'elle ne fait guère que tromper sa faim et
qu'elle se remplit sans se nourrir. L'anémie
intellectuelle est dans nos populations au niveau
de l'anémie physique ; avec cette différence seulement que les pauvres souffrent du corps et les
riches de l'esprit. J'ai l'air de faire du paradoxe,
et je ne dis rien que d'exact.

Le plus grand instrument d'investigation sur
lui-même que puisse posséder un peuple, est une
littérature originale, et la nôtre ne fait que de
naître. Quand des générations d'hommes supérieurs, d'un génie approprié au milieu qu'ils
interrogent, ont pendant des siècles, et successi-
ment, scruté les idées, les mœurs, les sentiments
intimes de leurs contemporains, d'un pareil
ensemble de révélations vraies ou fausses finit
par se dégager la figure propre d'une nation ou
d'une race, avec ses multiples aspects : les lignes

durables qui formeront l'ossature et le type s'y démêlant bientôt d'avec les formations passagères et changeantes. Lorsqu'en outre un peuple est depuis longtemps son propre maître, et qu'il a couru des destinées diverses, qui l'ont forcé aux heures de péril ou de gloire de faire appel à lui-même pour donner en bien et en mal tout ce qu'il avait en lui d'énergie et de pensée. cette longue action commune fait se pénétrer tous les éléments d'un même corps social, et de ce bloc compact, l'histoire, à coups d'événements, fait surgir la grande figure qui sera désormais un peuple déterminé. Il se dresse, dans l'avenue profonde des siècles, quelques-uns de ces colosses sur lesquels le temps n'a plus d'action, parce que leurs traits sont fixés pour toujours, tandis que d'autres sont comme des statues non achevées, mais déjà reconnaissables. Mais qu'on évoque dans le passé le nom d'Athènes, ou dans le présent celui de la Hollande, immédiatement se présente devant l'esprit une silhouette nettement découpée, qui se détache en force sur l'horizon brumeux des temps. La Belgique, malheureusement, a eu son passé rompu en tant de morceaux qui ont été joints arbitrairement à d'autres formations, qu'elle-même a des traditions contestées et une his-

toire pendant longtemps, pour ainsi dire, clan-
destine.

Et cependant, pour connaître un peuple et
essayer de deviner ce qu'il peut vouloir dans le
présent, la méthode la plus simple est encore de
rechercher ce qu'il a voulu avec quelque constance dans le passé. Et cela, parce que les besoins essentiels ne changent pas plus chez une
race que chez un homme : ils dépendent de la
complexion, du caractère et du milieu. Aussi,
comme pour un homme arrivé à l'âge mûr, on
peut prévoir presque avec certitude en quel
cercle d'idées et de conduite il achèvera de
vivre, de même, à mesure que les peuples, qui
ont une histoire, vieillisent, la part d'inconnu
chez eux diminue. La politique impériale romaine, après les grands renouvellements de
Tibère et de Trajan, devient stéréotype, tant
dans les grandes questions les solutions restent
identiques, comme s'adaptant exactement à l'intérêt, au tempérament et à l'idéal des Romains.
Et une pareille suite dans les règles de l'action
gouvernementale, en même temps qu'elle assure
au peuple le bienfait d'une ligne normale dans la
direction des affaires, aide singulièrement à con-
solider les institutions elles-mêmes. En effet
qu'on le sache bien, aucune liberté, en haut ni

en bas, n'est préférable à la confiance réciproque que doivent avoir les uns dans les autres gouvernants et gouvernés. Il est bien certain que c'est en grande partie cette constance dans les lignes politiques principales qui fait la force de l'Angleterre, non seulement à l'extérieur, mais à l'intérieur. Le danger et la faiblesse des pouvoirs personnels ou des prédominances trop exclusives de partis, c'est que la politique générale pouvant être périodiquement bouleversée, les traditions gouvernementales ne réussissent pas à se fonder, et que les institutions semblent ne plus offrir de garanties stables.

La Belgique n'a pas de littérature, et j'appelle de ce nom toutes les investigations originales d'un peuple sur lui-même ; elle n'a guère d'histoire distincte, ni, parconséquent, de politique traditionnelle ; et l'on peut ajouter que, dans le présent même, les constatations matérielles les plus élémentaires n'ont pas été systématiquement réunies. Nous n'avons même pas de statistique bien réglée et tenue au courant. Depuis 1854 et 1855 plus rien n'a été fait officiellement. Autant remonter au-delà du déluge. Une transformation économique universelle s'est depuis lors accomplie. Nos gouvernants ont été toujours si exclusivement préoccupés de la lutte des partis,

que les études fondamentales sur nos conditions
d'existence sociale ont été constamment négli-
gées. Dans nos interminables joutes parlementaires, tout ce qui est affirmé et produit touchant
la situation réelle de nos populations, est souvent tellement faux et si audacieusement hasardé
pour les besoins de la lutte oratoire, que si l'on
veut avoir quelque idée précise de nos moyens,
de nos ressources et de nos insuffisances, il faut
y aller voir par soi-même ou consulter des documents étrangers forcément incomplets. J'ose le
dire, l'état économique et matériel de nos populations est aussi peu connu que leur état mental
et moral, et depuis cinquante ans notre politique
a été tellement absorbée par les discussions au
jour le jour, qu'il ne s'en dégage pour ainsi dire
aucun principe supérieur de direction générale.
Nulle part donc, la part d'inconnu n'est peut-
être plus grande que chez nous. C'est dans ces
conditions défavorables que je veux cependant
essayer de rechercher quelles devraient être les
règles dominantes de notre politique intérieure
et même de notre politique étrangère, si nous
devons en avoir une. Qu'on ne voie dans cet
essai aucune outrecuidance, mais le simple désir
d'appeler sur ces recherches, si nécessaires à un
peuple jeune, l'attention d'esprits plus compé-

tents et sans doute mieux outillés que je ne le suis.

I

L'énorme part d'inconnu que nous traînons après nous est peut-être le facteur le plus important de notre histoire contemporaine. C'est l'ignorance que nous avons de nous-mêmes et qu'ont eue de nous nos gouvernants, qui peut-être explique le mieux les deux ou trois grands événements qui dominent notre existence nationale, depuis que nous essayons de vivre d'une vie propre.

Personne ne contestera que notre révolution de 1788, la première contraction vitale que nous ayons éprouvée après trois siècles de torpeur, ne fût une surprise pour l'Europe, pour nos maîtres et pour nous-mêmes. Joseph II était rempli à notre égard d'excellentes intentions. C'est lui qui, en 1781, fit démolir les places fortes et renvoyer les garnisons que les États généraux entretenaient en vertu du traité de la Barrière. C'est lui qui entama les premières négociations en faveur de la liberté de l'Escaut, fermé depuis le traité de Munster. S'il essayait de faire admettre chez nous les protestants à l'égalité des droits civils avec les catholiques (12 novembre 1781), s'il tentait de refréner l'autorité arbitraire des évêques sur noò populations (1781-1784-1785-1786), c'était en vue de nous émanciper. S'il voulait relever le niveau des études ecclésiastiques et mettre nos séminaires, où l'on n'enseignait même plus les langues anciennes et l'histoire religieuse, à la hauteur des institutions semblables existant à Vienne et à Paris, ce n'était pas, certes, en haine de la religion. S'il voulut centraliser les administrations éparses de nos provinces (1er janvier 1787) et réformer nos institutions judiciaires eu les rendant uniformes, en y créant des degrés réguliers de juridiction, alors que tout était abandonné jusque-là pêle-mêle aux justices seigneuriales du plat pays, aux tribunaux ecclésiastiques et aux prétendus conseils souverains, c'étaient là des améliorations nécessaires, accomplies partout ailleurs en Europe. Tout cela était raisonnable et ne rencontra cependant qu'une opposition invincible. D'abord les États de Brabant, puis ceux de Hainaut, de Flandre, du Tournaisis, de Malines protestèrent contre tous les édits impériaux à la fois, sans discuter, sans distinguer, comme par une impulsion spontanée, instinctive, irrésistible. Bientôt de petites explosions populaires se mirent à crépiter de toutes parts, puis le feu courut, jetant des flammes plus hautes dans les centres, à Bruxelles, à Anvers, à Namur, et en un moment le peuple belge tout entier se trouva debout, uni, unanime, pour la première fois depuis des siècles. Contre qui ? Contre l'empereur. En faveur de quoi ? On ne saurait le dire. C'était notre réveil, mais il était inconscient. Il était évident que Joseph II ne nous avait pas connus, pour agir comme il l'avait fait. Il était évident aussi que nous ne nous connaissions pas nous-mêmes, ni la situation réelle où nous croupissions, sinon nous n'aurions pas rejeté en bloc, sans examen, les réformes impériales, presque toutes anodines et la plupart très acceptables. Elles n'étaient même pas infectées de ce qu'on est convenu d'appeler chez Joseph II « l'esprit philosophique ». Convenons-en, le philosophisme n'apparaissait guère dans les améliorations très pratiques qu'il avait le tort seulement de vouloir nous imposer. Il eût dû préparer l'opinion ! Mais comment la préparer, en des temps où les moyens de publicité manquaient ? La vérité, c'est qu'à une tentative pour nous mettre simplement au niveau de l'Europe, — même antérieure à la Révolution française, — l'énorme part d'inconnu que nous recélions et qui s'était amassée en trois siècles de silence, répondit par une explosion inconsciente.

Comme je l'ai dit dans une précédente étude, la révolution brabançonne est une date importante et glorieuse, parce qu'elle est la reprise de possession d'un peuple par lui-même, et la première rupture en Europe avec l'absolutisme monarchique, .cet absolutisme dût-il vouloir s'exercer, en ce cas particulier, au profit des populations. Mais si l'on peut reconnaître ainsi le côté positif de notre révolution de 88, son côté négatif doit être également signalé, et ce côté négatif, c'était l'absence complète de notions exactes sur nous-mêmes et sur nos besoins, puis, l'indépendance un moment conquise, l'impuissance à nous constituer d'après un plan combiné quel qu'il fût. Nos pères avaient raison de vouloir vivre à leur façon, cette façon de vivre dût-elle être d'un type inférieur à celui déjà adopté par la plupart des peuples du xviii° siècle. En cela, la révolution était réaliste et pouvait être féconde, puisqu'elle nous replaçait à notre véritable point de départ. Elle réunissait enfin nos forces éparses et pouvait faire de nous un organisme indépendant jouissant d'une vie propre. Mais nous avions si peu nous-mêmes la notion de ce que nous pouvions être, qu'après un premier effort d'ensemble, il parut que tous les éléments un moment réunis dussent retomber à leur morcellement et à leur inertie.

Ce n'est pas qu'il manquât en Belgique d'hommes instruits et capables. Mais dès le premier moment, la « part d'inconnu » submergea tout, ne porta en avant que ce qui était adéquat à elle-même, c'est-à-dire les esprits les plus inconscients et les plus médiocres, et l'on vit un Vander Noot devenir le dictateur du pays. Les États qui s'étaient emparés du pouvoir ne rendaient même pas leurs délibérations publiques ; jamais le peuple ou partie du peuple ne furent consultés ; aucune organisation régulière ne fut même proposée. Quand Vonck réclama au moins (15 mars 1790) la publicité des débats, la reconstitution des anciens ordres, clergé, noblesse et tiers, allant jusqu'à répudier tout ce qui pourrait ressembler à l'Assemblée nationale de France, les statistes répondirent par le pillage et le massacre. A deux reprises, un rayon de clarté et de volonté consciente essaya de se dégager : à deux reprises Vander Noot, le prêtre Van Eupen et l'évêque Nelis, les triumvirs statistes, soulevèrent la tourbe immonde, noyèrent dans le sang des patriotes vonckistes la vacillante lumière. On peut dire que la révolution périt sans avoir pris un moment conscience d'elle-même. Le clergé et la noblesse étaient restés seuls les maîtres, des maîtres muets. Joseph II avait touché à leurs privilèges ; après la défaite, ils se racommodèrent avec Léopold II, oublieux de la nation, l'ignorant, l'ayant ignorée et la nation s'étant ignorée elle-même. Le peuple s'était levé, comme un homme endormi au fond d'une caverne que réveillerait quelque grand bruit du dehors. Il se dresse, il heurte les parois obscures et immobiles, il retombe effrayé de son réveil, effrayé de vivre, effrayé de lui-même. Notre peuple était si inculte, que lorsque Danton, quelque temps après, vint en Belgique, chassant Autrichiens, prêtres et nobles, le peuple bruxellois, pour premier usage de sa liberté, s'assembla tumultueusement et demanda « que les brasseries fussent rendues nationales ». C'est à peu près tout ce qu'il avait compris à la Révolution française. L'enfant n'avait songé d'abord qu'à saisir des deux mains le biberon national. Jordaens eût pu le reconnaître, Marnix eût détourné la tête. N'importe, il allait vivre, enfin !

II

En 1830, la part d'inconscience et d'inconnu

fut certes moins grande ; elle restait encore considérable. Nous ne sortions plus de plusieurs siècles d'anesthésie monarchique systématiquement stupéfiante ; nous venions de traverser quarante années d'action publique, à la vérité sous des directions étrangères, mais dans la pleine lumière de l'époque nouvelle. Cependant les hommes mêlés aux événements de 1830 constatent tous l'extrême disproportion entre l'effort fait et les résultats obtenus, l'absence de plan et de but des chefs eux-mêmes, l'hallucination singulière de tout un peuple ayant réussi au delà peut-être de ce qu'il espérait, et se voyant arrivé avant d'être bien certain qu'il se fût mis en route. Bartels, si activement mêlé à tout, dit dans ses *Documents historiques* : « Nous ne savions pas où nous allions, et c'est pourquoi nous sommes tous allés si loin. » « L'initiative du coup de main fut française », dit-il encore. Le contraire paraît aujourd'hui établi : l'initiative, du reste presque irréfléchie, fut belge. Si des influences étrangères occultes agirent chez nous, les documents diplomatiques établissent maintenant que la main agissante fut plutôt celle des libéraux anglais — industriels et commerçants — qui allaient prendre le pouvoir avec lord Palmerston et régler presque souverainement nos affaires. Mais ce qui paraît certain, c'est que la séparation d'avec la Hollande fut une surprise. On n'avait pas songé à aller jusque là. Les griefs contre Guillaume étaient surtout d'ordre administratif. Dans notre pays, on dit d'ordinaire que lorsque les intérêts matériels sont satisfaits, le reste s'arrange. Or, le commerce, l'industrie, l'agriculture prospéraient. Longtemps même les intérêts établis boudèrent la révolution. On a fait l'honneur de la direction du mouvement à l'élément catholique, seul atteint directement par la politique de Guillaume, seul organisé pour la résistance et pour l'action. Cela même n'est pas exact. Les catholiques s'occupaient encore de généraliser le mécontentement, croyant les esprits mal préparés, que tout déjà était fait, que l'irréparable était consommé. Notre révolution eut ses héros et ses martyrs ; ceux qui se levèrent firent bien ; le prix de leur victoire est inestimable, puisque c'est l'indépendance et la liberté, et aucun intérêt ne peut être mis en balance avec ce glorieux résultat. Il n'en doit pas moins être permis de dire qu'en 1830 même, ce qui précipita l'avalanche et lui fit engloutir tout, en un moment, ce fut une part énorme d'inconnu venant on ne sait d'où et qui jusqu'ici n'a pas été déterminée. Il est certain que Guillaume ne connaissait pas notre peuple : habitué à la race raisonnable et raisonneuse, froide et mesurée du Nord, il ne pouvait avoir aucune idée de la profondeur de sentiment de notre Belgique. Elle a une capacité de souffrance et de résignation muette que parfois des siècles d'épreuves n'ont pas lassée, mais qui, pour une piqûre, éclate, déborde, folle de colère, et non, comme 'a France, d'une colère qui fume et s'évapore, mais d'une colère rancunière à l'espagnole, qui ne pardonnera plus jamais. Oh! l'étrange peuple, d'une sensibilité si exquise, comme le montrent ses merveilles d'art, et d'une grossièreté si terrible, comme on le voit dans ses rixes, dans ses agitations de la rue, dans ce courant ininterrompu de faits d'une brutalité sans nom, tels qu'ils restent chaque jour accrochés par centaines dans les filets des chambres correctionnelles. Massif comme Jordaens, affiné comme Metzys. Toute la matérialité la plus fougueuse, et toute la spiritualité la plus divine. La patrie de Rubens et de Thomas A'Kempis. La Kermesse et l'Imitation de Jésus-Christ. Le rire le plus large qu'il y ait sur terre, — Falstaff, Pantagruel ne rient pas eux-mêmes dans l'épanouissement sans rides et la jovialité sans

ombre des Silènes flamands, - et les dernières limites humaines de la douleur : au delà
de nos gothiques, abîmés dans la nostalgie de
la souffrance sans bornes, il n'y a plus que la
mort inerte.

D'autre part, cependant, un esprit positif et
pratique, un esprit borné, buté comme un mulet
à l'intérêt immédiat, tangible, sans au delà d'aucune sorte. Quel bourgeois plus bourgeois que
le bourgeois belge ! Ceux de Daumier sont
incorporels, Joseph Prudhomme est éthéré à
côté des nôtres. Et depuis toujours il se repro-
duit invariable, figé, avec la persistance du type
définitif et parfait, alors que partout autour de
nous il s'est fondu dans les alluvions de formes
sociales nouvelles. De même de nos autres
classes ; elles paraissent irréductibles, non seulement dans leurs lignes générales, mais dans
leurs particularités topiques. Le paysan de
Flandre qui lève de sa charrue son œil résigné
et morne, n'ayant jamais vu devant son regard
que la ligne droite de son horizon plane et de sa
foi immobile, le cœur encore chaud de l'ardeur
fanatique du moyen âge, qu'a-t-il de commun
avec nos populations industrielles, indifférentes,
ouvertes à tout, crédules mais non croyantes,
vivant au jour le jour, nées, semble-t-il, d'hier ;

occupant leurs usines, leurs mines comme un outillage humain sans cesse renouvelable? Puis, quel abîme entre les deux races du pays! La distance est plus grande, dans cette Belgique si petite, entre Anvers et Liége, qu'elle ne l'est entre Paris et Marseille. On peut dire que la façon de voir, de penser, de sentir de l'Anversois est impénétrable au Wallon de Liége, autant que s'ils vivaient aux antipodes l'un de l'autre. Les puissants chevaux et les portefaix géants d'Anvers, qui remuent sans fatigue apparente presque le double des poids sous lesquels halètent hommes et chevaux de Hambourg et de Londres, les dirait-on du même pays que le Verviétois maigre, remuant et nerveux? Et la sauvage Ardenne, peut-elle avoir des destinées communes avec le rêveur et paisible Limbourg? Ces classes sociales diverses, plus séparées qu'elles ne le sont partout ailleurs, et conservant ainsi leurs caractères distincts, ces communes et ces contrées, qui ont eu si longtemps des destinées particulières, quel colossal concours de circonstances ne faut-il pas pour que tout cela se fusionne à un moment donné dans un effort commun, dans une aspiration unanime, et qu'une même étincelle secoue à la fois d'une même commotion électrique ces millions d'âmes en appa-

rence si étrangères les unes aux autres ! Et
pourtant deux fois en moins de cinquante ans,
— en 1788 et en 1830, — cette explosion universelle a eu lieu, instantanée, foudroyante et
pour une large part irréfléchie et inconsciente
aussi. Et jusqu'ici la pleine lumière n'est pas
faite sur les causes profondes de ces deux explosions formidables qui ont enfanté ou plutôt
restauré la Belgique. Les réformes anodines de
Joseph II, les griefs administratifs contre Guillaume, occasions, prétextes, accidents, hors de
toute proportion avec l'effet colossal produit.
Les deux fois, quelque chose a été touché, un
point invisible au plus intime de l'être, au nœud
vital de l'organisme, et l'organisme entier a sur-
sauté, s'est senti atteint aux sources de la vie.
Preuve évidente de l'unité de la Belgique, des
profonds liens vitaux qui nouent ensemble en
une structure homogène tant d'organes à fonctions dissemblables ; mais, par l'obscurité non
encore dissipée qui entoura ces grandes érup-
tions, par la surprise que causèrent au peuple
belge lui-même les actes décisifs qu'il venait
d'accomplir, preuve aussi du formidable inconnu
qui repose au fond de l'âme belge.

Ainsi deux fois le volcan a jeté sa flamme et
s'est refermé. Aujourd'hui de nouveau, après

cinquante années de repos, il gronde. Est-ce le formidable inconnu qui se remet à remuer ?

III

Depuis six mois bientôt, se déroule une série d'événements qui sont incontestablement les symptômes d'un changement accompli ou en train de s'accomplir dans les dispositions habituelles de l'esprit public. Ces longs mois d'agitation ininterrompue, succédant à tant d'années d'un calme profond, attestent par leur seule durée une perturbation fondamentale. Il faut remonter très haut, à 1830, pour retrouver un état de choses à ce point instable. 1871 ne fut qu'une émotion, 1857 une colère. Il suffit d'un moment pour que les esprits reprissent leur assiette. Il n'y avait là, à la vérité, qu'un ébranlement superficiel, une légère oscillation qui n'avait en rien déplacé les bases de l'ordre accepté. Les deux grands partis restaient en présence avec leurs délimitations traditionnelles, leur personnel intact, leurs directions propres et incontestées : l'un des deux ayant voulu dépasser les bornes de ce qui était à ce moment acceptable, il suffit de maintenir les choses à l'état existant antérieurement pour rétablir le

4

calme. Dans ces deux circonstances, la cause de l'irritation publique était connue, précise, nettement déterminée. La cause disparue, l'irritation tomba aussitôt. Lorsqu'en 1857 la loi des couvents fut retirée et en 1871 une nomination insolente empêchée, tout grief disparut.

Aujourd'hui, au contraire, ce qui est grave, c'est que les causes vraies, directes de l'agitation sont pour ainsi dire insaisissables et que cependant l'agitation perdure. Oublions que nous appartenons à n'importe quel parti pour étudier de plus près cet étrange phénomène.

Chacun des faits qui se sont produits depuis six mois n'est pas d'une signification vraiment inquiétante : ce qui est inquiétant, c'est l'ensemble de ces faits, qui touchent à la fois à tous les éléments de notre ordre politique et social.

Le mouvement a commencé par des discussions passionnées à l'occasion des élections provinciales et législatives de 1884. Rien ne les faisait prévoir aussi violentes. La dernière session législative avait été très calme, et les orages soulevés dans la session précédente paraissaient amortis. Le parti libéral avait gouverné, en somme, pendant six ans sans donner au pays directement des griefs sérieux et nouveaux. Il y avait bien l'opposition catholique à la loi scolaire, mais deux élections générales déjà l'avaient ratifiées ; elle pouvait donc être considérée comme acceptée définitivement, comme classée. Les impôts, sans doute, avaient causé de grands mécontentements, mais s'ils pouvaient faire perdre des voix au parti libéral dans certaines couches de la population, s'ils formaient un excellent moyen de guerre et s'il était naturel que l'adversaire clérical en usât et en abusât, ils n'étaient point par eux-mêmes de nature à perturber toute la situation politique. L'extrême gauche avait, dans l'avant dernière session, soulevé des questions que la majorité du parti libéral pouvait considérer comme prématurées ou dangereuses. Mais tout le monde savait que la revision de la Constitution ne pouvait pas être produite à nouveau avant un certain temps, et l'extrême gauche avait fait sienne la réforme électorale partielle accomplie par le ministère, sans plus y faire aucune opposition de principe. La reprendre et l'étendre encore était donc une question d'opportunité qui ne devait plus diviser entre eux les libéraux. Sur toutes les autres questions importantes, le libéralisme était d'accord, et la plus importante d'entre elles, l'instruction obligatoire, semblait devoir être le terrain commun sur lequel serait scellée l'entente définitive.

Cependant, dès les premières réunions publiques, un étrange exclusivisme, une façon d'esprit intraitable se fit jour, poussant dès l'origine les choses à l'extrême. Je ne parle pas autant des candidats ou des chefs de parti que du public lui-même, des journaux, immédiatement occupés à souffler la discorde, à attiser le feu. Il était visible, par l'empressement de tous à souligner les paroles les plus violentes, à encourager les exagérations et les extravagances, à flétrir comme une flaiblesse toute tentative de conciliation et de concorde, que depuis longtemps la masse des esprits était déjà allumée, et qu'elle cherchait le trouble pour la joie du trouble lui-même. Il ne s'agit pas seulement de Bruxelles, mais du pays entier; le plus petit journal de province jouait sa partie dans le houtvari dont le centre était Bruxelles; dans les réunions publiques, libéraux, catholiques, indépendants, progressistes, tout le monde s'en mêlait, poussant au combat. Qu'importaient les candidats ou les programmes, les actes ou les promesses? La foule, déjà nerveuse, ne songeait qu'à donner carrière chaque soir à un besoin intense de bruit et d'agitation. Il est bien évident que l s idées

les plus radicales, comme en toute foule surex-
citée, étaient le plus favorablement accueillies,
mais le sentiment qui paraissait tout dominer
était un désir, à peine conscient, d'un changement quelconque. Il fallait que quelque chose
ou quelqu'un disparût. Peut-être, par la trouée
faite, verrait-on jour, saurait-on se guider.

Au milieu même de cette fièvre éclate l'échec
foudroyant des libéraux aux élections provinciales. Sont-ils répudiés par les électeurs nouveaux, les capacitaires, qu'eux-mêmes venaient
d'appeler à la vie politique, ou les anciens censitaires se sont-ils retournés contre eux? On
l'ignore. Ce n'en est pas moins un renversement
complet de ce qu'on pouvait attendre et le signe
d'une crise aiguë dans les esprits. En effet, aucun
programme n'avait été opposé à celui des libéraux. Les élus étaient en grand nombre des inconnus, appartenant à des groupes mixtes incolo-
lores ou déguisés. On signalait de toutes parts
la corruption, si facile aux époques troubles.

Tout un monde souterrain commence aussitôt
à bouillonner. Pendant qu'à la surface, dans les
assemblées et les journaux, l'aigre bruit des
récriminations, des attaques et des disputes
continue à rouler, chaque jour accrû, comme si
rien ne s'était passé, des influences occultes,

ténébreuses, trouvent l'accès des consciences, filoutent les adhésions, profitent du désarroi général pour bouleverser toutes les limites des anciens partis, jettent à pleines mains l'or et des promesses contradictoires, qu'une minute de réflexion eût jugées fallacieuses, et le 10 juin l'édifice libéral s'écroule tout entier, d'un bloc, comme un échafaudage rongé à la base par une armée de rats. Le soir même du 10 juin, les bas-fonds remontent, jettent leur écume, en couvrent Bruxelles et les villes populeuses : jaillissement de boue, qui montre que les dernières couches sont remuées, celles qui jamais, depuis cinquante ans, n'avaient encore reparu à la surface.

Les catholiques crient victoire; ils ont une majorité écrasante à la Chambre; ils comptent comme étant des leurs les élus de l'heure trouble, émergés, demi-morts, sans mandat et sans nom, de la confusion universelle, et ceux-ci, dénués de toute force morale, ne sachant pas eux-mêmes quelle signification donner à leur apparition fortuite et hasardeuse, se laissent enrégimenter. Telle quelle, c'est donc une solution. Le pays est revenu aux catholiques, ils n'ont plus qu'à s'emparer du Sénat pour asseoir pour longtemps une domination sans conteste. Mais, chose étrange, le pays s'épouvante de ce qu'il a enfanté. Le gouvernement nouveau n'a fait encore aucun acte de parti, qu'un revirement instantané, intense, se produit. Les libéraux battent le rappel ; ils refont des élections à leur profit avec des majorités considérables dans les arrondissements, précisément, Bruxelles et Nivelles, où ils paraissaient le plus profondément atteints.

Un gouvernement d'hommes sensés, devant ces fluctuations énormes de l'opinion publique, accusant un état si profondément instable, eût compris la nécessité d'observer un temps de repos, afin de juger du courant réel des esprits. Et si même il ne voulait pas obéir à son devoir strict, qui eût été de faire un appel au pays pour tâcher d'obtenir une solution définitive, il devait éviter, tout au moins, de créer des causes nouvelles d'agitation. Mais l'affolement et le malaise sont sans doute, dans les hautes régions du pouvoir, plus grands encore que dans le public. Sachant leur position sans racines, entourés d'une hostilité chaque jour grandissante, stupéfaits d'un succès resté improbable même après qu'il était acquis, incertains du lendemain, produits louches d'une aubaine équivoque, nos ministres, voyant le pays leur échapper, ne songent qu'à une chose : s'attacher plus étroitement le parti fanatique, sur lequel ils peuvent compter, et compromettre, s'il était possible, dans leur aventure, la royauté, pour s'en faire un bouclier et un otage. De là la présentation précipitée de la loi scolaire et tant de mesures excessives qui n'ont fait qu'étendre le cercle de l'agitation jusqu'à y comprendre ceux que, précisément, il eût fallu maintenir au-dessus des partis comme un suprême recours.

Le pouvoir est maintenant comme enfermé dans un îlot sans approche, devant le pays frémissant.

IV

Danger grave et dont nous ne sortirons point aussi longtemps que l'on ne saura pas ce que veut le pays.

La solution catholique n'est pas une solution. Nos ministres eux-mêmes doivent en être aujourd'hui convaincus.

D'autre part, il est impossible de le méconnaître : le pays a laissé tomber le parti libéral, malgré ses services et ses promesses. Il n'a pas sans doute voulu consciemment renverser le parti libéral, mais sa pensée était ailleurs. Il nous faut la deviner.

Comme en 1788, comme en 1830, les griefs énoncés contre le parti libéral, les reproches articulés : occasions, prétextes, accidents.

En 1788, pour la première fois depuis des siècles, la Belgique voulut se reprendre, se ressaisir, attester son existence propre, sa vitalité, son besoin de respirer, de se mouvoir par elle-même. Elle fit une révolution et prouva son existence. Qu'importaient les édits de Joseph II ?

En 1830, la Belgique, traitée jusque-là en pupille, voulut être majeure, prendre elle-même la direction de ses destinées, répondre devant l'Europe et devant elle-même de ses actes et de sa pensée. Elle se leva et fut libre. Qu'importaient les décrets de Guillaume ?

Aujourd'hui, que veut-elle ? A quelle pensée secrète répond cette agitation incessante, inquiète, qui renverse les uns sur les autres les hommes et les partis, qui se détourne le lendemain de ce qu'elle a obtenu la veille, qui ne se contente de rien de ce qui est, et brise ce qu'elle avait adoré, qui se répand en enthousiasmes d'un jour, en colères sans issue, en violences sans but, qui rend la Belgique si profondément dissemblable de ce qu'elle a toujours été, et dans cette nation irritable, nerveuse, nous laisse à peine nous-mêmes retrouver la calme et patiente Belgique que nous connaissions ; comme une femme en gésine, où ne se retrouve plus l'épouse chaste et la vierge résignée.

Je ne crains pas de le dire, parce que je le crois et que je le vois.

La Belgique veut vivre enfin d'une vie plus haute que celle à laquelle elle a été astreinte jusqu'ici. Elle veut une vie plus féconde et plus digne.

Quand, après 1830, les puissances reconnurent notre indépendance, elles nous imposèrent en même temps la neutralité. Elles nous traitaient, non comme les maîtres et possesseurs domaniaux du coin de terre que nous occupons, et que nos ancêtres nous ont conquis par le sang et mieux encore par le travail, — car on peut dire que nos âpres terres ne sont fécondes qu'aussi loin qu'elles sont trempées de la sueur des générations, et que toute notre activité industrielle et commerciale est tirée par nous-mêmes des entrailles de notre sol éventré, alors que tant d'autres peuples doivent partie de leurs richesses aux rapines et aux exactions faites au loin, — nous donc, le peuple du monde qui fait le plus intimement corps avec son fonds séculaire, les puissances nous traitaient, non comme les maîtres, mais comme des sortes de locataires ou usufruitiers du sol belge pour compte de l'Europe, et sous condition de ne le risquer en aucune entreprise téméraire. L'Europe nous tolérait sur notre propre bien, nous laissant libres chez nous de nous occuper de nos affaires courantes, mais avec défense de chercher nous-mêmes nos destinées, de prendre part au grand combat universel pour l'accroissement et l'expansion de la vie, garantis au surplus qu'en cas de menace grave pour tous les autres peuples, nous-mêmes resterions abrités, comme les enfants qu'on enferme, quand les hommes vont au danger.

Le sentiment de cette sorte d'infériorité a pesé sur nous jusqu'aujourd'hui. Qu'on regarde en arrière : il n'est pas une des manifestations de l'existence nationale où une crainte secrète, une défiance invincible de nous-mêmes n'ait paralysé nos efforts. C'est d'hier seulement que nous commençons à écrire, à penser par nous-mêmes : il semblait qu'aucune page ne dût venir à nous si elle ne portait en vedette l'estampille française. C'est d'hier seulement que nous osons imaginer que nous pourrions par nous-mêmes chercher au dehors le placement de nos produits, alors que nous les glissions modestement, respectueusement, jusqu'ici, sous le pavillon anglais. C'est d'hier seulement que nous osons songer à faire quelque changement dans nos lois, à modifier quelque partie de nos institutions, à éclairer notre peuple, à comprendre que lui aussi, au besoin, peut avoir son mot à dire comme les autres peuples de l'univers. C'est d'hier seulement que nous nous risquons à deviner que si nous ne nous aidons nous-mêmes, personne ne viendra à notre secours, que si l'Europe nous a traités en fils de famille dont l'avenir est assuré, elle ne nous a pas cependant constitué de rentes. Depuis cinquante ans, il n'a pas surgi une seule des graves questions politiques ou sociales de notre époque sans que tout le monde aussitôt se mît d'accord pour l'étouffer, pour faire le silence. Qu'allait dire l'Europe? Nous serions la pierre d'achoppement et l'objet de scandale! Pas même d'études, de statistiques ou d'éclaircissements qui auraient renseigné nos misères, nos infirmités et nos besoins. Et dans nos assemblées, dans nos Chambres, partout où la voix publique peut être entendue, ah! sans doute, tous les robinets ouverts, une noyade universelle d'eau claire et de savon blanc, une lessive incessante, ininterrompue de linge sale en famille; et tous les lieux communs, tous les poncifs de la politique roulant sans cesse et se répondant comme les échos sans fin de la grotte de Fingal, mais pendant longtemps toute idée proscrite, toute initiative condamnée, toute audace anathématisée.

Nous finissions vraiment par nous croire les locataires de la Belgique, n'osant ouvrir une porte, abattre un pan de muraille, sans craindre d'être mis dehors pour trouble ou usage abusif ! Cependant, nous regardions avec admiration, avec ébahissement les grandes entreprises des autres peuples, leurs viriles transformations, leurs progrès énormes, les risques courus, mais les succès obtenus, parfois les défaites essuyées mais réparées ; nous avions l'œil sans cesse attaché à ces sommets que baignait la grande lumière et où circulaient les grands souffles, mais nous-mêmes, craintifs, timides, nous restions accroupis à notre place sans oser remuer seulement. Et après cinquante ans de ce régime, un jour notre bilan a été fait. Nous avons trouvé nos ressources taries, nos veines épuisées, notre cerveau engourdi. Nous avions eu peur de combattre, nous avions évité les risques, éloigné les aventures, et nous trouvions notre agriculture, notre industrie, notre commerce, toutes nos vraies armes vaincues sans avoir essuyé le combat. Pendant que nous n'osions bouger, de peur d'éveiller l'attention de nos voisins, la Russie, la Hongrie, l'Amérique, La Plata fouettaient nos agriculteurs au visage de la trombe de leurs grains, comme d'une grêle qui brisait nos récoltes; la Hollande tuait nos éleveurs; l'Angleterre et l'Allemagne, notre métallurgie; la France, nos industries de luxe.

Il n'y a pas autour de nous, depuis vingt ans seulement, un seul peuple, petit ou grand, qui n'ait risqué son sang et son or dans quelque grande campagne énergique et virile. La Hollande a conquis Atchin, les petits États allemands ont fait la guerre de France, l'Angleterre prend l'Égypte, la France, à peine relevée, envoie ses fils au-delà des mers. Malgré ces saignées et ses sacrifices, ces peuples ont grandi, se sont fortifiés, et nous, qui n'avons rien eu à supporter, rien à aventurer, nous avons vu décroître, fondre insensiblement sous nos pieds notre position européenne. Aujourd'hui, de toutes parts, on nous dépasse, on nous domine. Nous sommes restés puissants aussi longtemps que nous avons pu jouir sans grande peine de notre situation naturelle — qui nous avait placés au centre de l'Europe avec des ressources, au-dessus et au-dessous du sol, énormes, et les communications les plus faciles avec le reste du monde. Mais depuis que les autres peuples, ne se contentant plus, eux, de vivre au jour la journée, ont fait un effort violent et qui dure encore, dans une tension presque surhumaine, pour arriver chacun à son maximum d'intensité dans la production, dans l'expansion, dans le grand échange vital qui fait l'existence supérieure des nations modernes, nous, esclaves de la routine, sans foi en nous-mêmes, empêtrés d'un outillage suranné, d'un peuple ignorant, chaque jour nous nous sommes sentis descendre un peu dans l'isolement et dans l'indifférence qui commencent à se faire autour de nous, jusqu'au moment où nous étoufferons.

Eh bien, c'est cette diminution ressentie, ce sont ces ruines entrevues, c'est cet avenir trouble et menaçant qui, par un pressentiment affreux, par une angoisse instinctive et invincible, étreignent l'esprit public et le cœur de tous les Belges. Et voilà pourquoi cette agitation, cette inquiétude courent à travers tout le pays, se font sentir à la fois en des contrées si diverses et, comme en 1788 et 1830, révèlent encore une fois avec force cette unité intime, vitale de la Belgique ; car la sensibilité est partout, mais l'émotion grandit à mesure que la vie nationale et les préoccupations de cette vie deviennent plus intenses, dans les villes p'us que dans les bourgades, dans les bourgades plus que dans le reste du pays. Voilà le formidable inconnu qui depuis six mois s'est manifesté par tant de coups imprévus, inexplicables, tantôt sourds, tantôt violents, mais journaliers, comme un enfant qui remue dans le ventre de sa mère, frappant au hasard, pourvu qu'il se fasse sentir.

Malheur à qui ne voit pas qu'il ne s'agit plus guère ici de questions politiques seulement, ni même, au sens restreint, de questions sociales, mais d'une question qui les domine toutes : la question nationale elle-même.

V

Et voilà pourquoi ce qu'a fait le ministère clérical dès son avènement : détruire brutalement, radicalement la loi d'instruction publique, le premier effort fait depuis vingt ans pour relever le niveau intellectuel du pays, en attendant qu'on relevât le niveau économique, voilà pourquoi un pareil acte n'est pas une mesure de parti, prise prétendûment à l'encontre d'une autre mesure de parti, mais qu'il est un attentat, un crime de lèse-nation.

Voilà pourquoi ceux qui se sont associés à cet acte, à quelque parti qu'ils appartiennent, fussent-ils catholiques fervents, ou bien ont trahi le pays, ou bien ont montré qu'ils sont absolument ignorants de notre évolution historique, de notre situation actuelle, de la crise que nous traversons, prouvant qu'ils n'ont jamais placé la main sur le cœur du pays pour le sentir battre. A ses pulsations précipitées et sourdes, ils eussent compris quelle angoisse l'étreint.

Fermer des écoles en ce moment, jeter sur le pavé des milliers d'instituteurs et d'institutrices, eux qui formaient le corps d'instituteurs avec l'aide duquel nous allions former l'armée nationale du travail et de l'intelligence, afin de remettre le pays à sa place d'égalité et d'indépendance vis-à-vis de l'Europe, ce n'est pas seulement un acte de bêtise papelarde, ce n'est pas seulement un acte triste et odieux vis-à-vis de gens qui ont fait leur devoir et qu'il fallait respecter, c'est pour la Belgique économique et intellectuelle, pour la vraie et seule Belgique, enclouer les canons, noyer les poudres, préparer la capitulation finale.

Aucun gouvernement, à quelque parti qu'il appartienne, ne peut aller à l'encontre des nécessités sociales absolues, aucun ne peut se mettre

en opposition systématique avec ce qui intéresse la vie même de la nation.

Il ne s'agit pas ici d'une question catholique
ou libérale; ce que je cherche, c'est le principe
supérieur auquel tous les gouvernements en Belgique devraient obéir et qui pour nous devrait
être aussi constitutionnel que peut l'être la
Constitution elle-même.

Comme je le disais au commencement de cette
étude, une fois que Rome eut trouvé ses règles
fondamentales d'existence économiques et politiques, tous les empereurs, chrétiens ou païens,
militaires ou civils, s'y conformèrent, et c'est
ainsi que l'empire dura quatre siècles. De même
en Angleterre, de même aux Etats-Unis, de
même dans tous les pays qui veulent durer.
Faites donc renoncer l'Angleterre à son système colonial, l'Amérique à son système démocratique pur, la Prusse à son organisation militaire. Depuis que ces pays se sont formés, ils
ont pour ainsi dire dès le premier jour adopté le
principe sur lequel ils allaient vivre : tout le
reste est devenu subsidiaire et subordonné; mais
sur les règles fondamentales aucune hésitation
n'est possible, aucun retour en arrière n'est acceptable.

La Belgique, elle non plus, ne sera définitivement enracinée en Europe, n'aura de gages de durée et d'avenir que lorsqu'elle aura reconnu, et que tous les partis s'engageront à respecter la ligne fondamentale de politique, que l'on n'inscrit pas dans les Constitutions et dans les lois, mais qui devient le principe de conduite pratique accepté, indiscutable.

Les institutions quelles qu'elles soient ont besoin, pour devenir inattaquables, de cette perdurance, de cette constance dans le but à atteindre, dans l'avenir à réaliser.

En 1788, la Belgique fit une révolution sur un principe d'une légitimité indiscutable, absolue, le droit d'exister, d'être *personne vivante*. Toute considération disparaît devant ce droit primordial. La révolution eût été vingt fois plus inconsciente et rétrograde qu'elle n'a été, que du moment où ce but-là s'y révèle, elle est inviolable, elle est sacrée.

En 1830, la Belgique fit une nouvelle révolution pour un autre principe tout aussi primordial, aussi absolu, le besoin de vivre indépendante, d'être libre. La Hollande eût elle eu cent fois raison dans les réformes qu'elle voulait nous apporter, le droit d'être libre primait tout, devait faire écarter tout le reste.

Aujourd'hui, la Belgique veut avoir sa vie garantie, son avenir assuré ; elle veut pouvoir lutter à armes égales avec les nations concurrentes qui lui disputent le marché. Il n'y a plus ici affaire de personnes ou de partis, de classes ou de contrées, de villes ou de campagnes. La question intéresse au même degré propriétaires et paysans, industriels et ouvriers, Belges appartenant à toute fonction, à toute profession, à toute race. Se mettre en travers de cet irrésistible besoin, de ce droit également primordial, c'est provoquer le ressaut de tout un peuple.

VI

Mais cette nécessité d'assurer les conditions fondamentales de notre existence matérielle et morale par la volonté ferme de nous mettre, pour la lutte à armes égales, au niveau des peuples concurrents, cette nécessité si vivement sentie n'est pas seulement temporaire, elle porte en elle le principe supérieur et durable qui doit dominer toute notre politique, quels que soient les partis qui occupent le pouvoir.

Nous n'avons pas de colonies, nous n'avons pas d'action militaire ou diplomatique, nous n'avons pas d'alliances particulières, douanières ou autres. Nous ne possédons, par conséquent, aucun des moyens employés par d'autres peuples pour étendre politiquement, et bientôt commercialement, la zone de leur influence, pour s'assurer un marché privilégié au milieu du marché universel, pour tirer du dehors des ressources soustraites à l'ingérence étrangère ou des débouchés garantis contre la rivalité d'autrui.

Je sais, et je ne désapprouve point en principe, les tentatives faites soit pour nous donner dans le Congo un établissement et un centre d'échanges dans un monde nouveau, soit pour contracter une union douanière avec un pays libre et fraternel tel que la Hollande. Mais ce ne sont encore là que des rêves, des projets, peut-être d'impraticables illusions.

Dans la réalité, nous sommes, par notre situation géographique même, placés devant l'Europe et le monde, sans frontières, sans protection d'aucune sorte, forcés à la lutte corps à corps avec tous, sur le marché universel, ayant, d'autre part, une population trop dense et trop pauvre pour que nous puissions jamais nous suffire à nous-mêmes.

La concurrence illimitée, la liberté économique absolue, est donc la condition indéniable de notre existence ; mais pour y suffire, il nous faut un ressort constant, une tension sans relâche de toute notre énergie et de tout notre savoir, des initiatives vigoureuses, une audace indomptable. Puisque nous sommes le peuple le moins protégé, nous devons être le peuple le mieux ordonné, le mieux outillé, le plus savant de la science intellectuelle comme de la science technique.

Tout ce qui se fait dans le sens de cet accroissement de science, d'énergie et de liberté, est bon. Tout ce qui se fait contre est mauvais et fatal.

Qu'est-ce à dire, sinon que toutes les classes de notre population doivent être appelées, non seulement à la vie politique, mais à la vie de la science, que tous nos éléments sociaux doivent s'entr'aider, que tous doivent avoir leur part d'influence, puisqu'ils ont leur part de devoirs et d'efforts, que toutes les luttes pour quelque idéal suranné que ce soit, politique ou religieux, doivent être écartées comme nous jetant sur de fausses pistes, comme endormant notre vigilance, comme nous détournant du premier de nos besoins, celui d'être et de vivre.

Il ne peut pas y avoir chez nous assez d'écoles, assez de capital appliqué au commerce, à l'industrie, à l'agriculture, assez d'instruments perfectionnés de travail, assez de savoir, assez de liberté. Nous ne pouvons remonter le courant déprimant qui déjà nous bat la poitrine et menace de nous engloutir, que par un effort unanime. Le gouvernement qui paralyse et qui brise cet effort, est l'ennemi de la nation.

C'est par l'entente de tous les citoyens dans ce but commun que nous vaincrons le sentiment d'infériorité qu'a fait peser sur nous la neutralité politique imposée par l'Europe. Il n'y a pas de neutralité économique et intellectuelle. Ici l'Europe doit avoir à compter avec nous dans la pleine indépendance et la pleine liberté de notre action.

Liberté, concurrence économique illimitée, emploi de nos ressources à l'effet de mettre notre peuple à même de soutenir cette concurrence contre le monde, voilà, à mon sens, quel est le principe supérieur qui doit dominer notre politique intérieure, comme notre politique étrangère, et nous donner devant l'Europe notre caractère et notre fonction.

LA DÉRIVE

1er juillet 1886.

I

Sommes-nous en dérive décidément ? Aurions-nous pris au sérieux la légende qui illustre la tranche de nos pièces de cent sous, et laisserons-nous à Dieu le soin de protéger la Belgique ?

Est-on résigné à ne plus savoir où l'on va ? De quel côté peut encore venir la volonté forte, consciente, écoutée, qui nous remettra sur la voie ? Tout ce qu'il y a d'hommes et de partis en cet étroit pays s'est-il usé l'un par l'autre, à ce point qu'il ne reste plus de vrai que la défiance universelle et la commune impuissance ?

La Belgique a-t-elle, en cinquante ans, épuisé

sa vitalité, et ne sort-elle d'enfance que pour tomber en décrépitude? Si c'est la décomposition, elle sera rapide. Voyez depuis trois ans, de chute en chute, où déjà nous sommes descendus! Une société à peine formée, comme la nôtre, n'a pas de ces centres de résistance que, chez les vieux peuples, la vie a mis des siècles à nouer, et qui permettent de se reposer sur les forces acquises, pour traverser les crises les plus redoutables. Un peuple jeune qui s'abandonne est un peuple perdu. Qu'y a-t-il cependant de si irrémédiable dans notre situation, que nous ne fassions plus notre sécurité que de notre épouvante, et que nous ne sachions plus que nous réfugier dans notre inertie pour échapper aux dangers? Comme un malade pris de fièvre, nous nous débattons haletants contre des fantômes, d'autant plus effrayants que c'est notre peur elle-même qui les enfante et les revêt des couleurs les plus propres à nous terrifier. Certes, le moment est grave, mais c'est notre incurie et nos fautes qui en ont fait la gravité. Sur une crise économique, nous avons laissé se greffer une crise politique, et, aux deux réunies, nous avons ajouté la crise morale qui nous tient aujourd'hui. Il n'en faudrait pas autant pour accabler de plus solides que nous. Mais d'où vient cet excès du mal, sinon de nous mêmes? Que l'on se reporte à trois années seulement. Tout alors paraissait simple, ou du moins, si nous souffrions, ce n'était pas autrement que la plupart des nations européennes, atteintes économiquement comme nous.

Comment se fait-il que partout l'on ait résisté, et qu'on soit rentré dans des conditions d'existences, sinon normales, au moins acceptables, alors que seuls nous nous abandonnons, déroutés, à l'allucination des abîmes?

Nous avions doublé sans encombre le grand cap du siècle, 1848, après lequel tous les peuples de l'Europe ont dû chercher, et quelques-uns ont su conquérir des routes nouvelles. Nous étions si sûrs du chemin que nous n'eussions pas voulu en dévier d'une ligne... Comment dansons-nous seuls aujourd'hui dans les brisants, alors que tous les autres ont devant eux l'horizon balayé et les mers ouvertes?

Où sont nos hommes d'Etat, nos impeccables pilotes? Nous tournons sur nous-mêmes, comme si, sous nous, le vide s'était fait, et il n'y a pas de vague qui ne nous semble cacher un récif. Debout donc nos hommes supérieurs, dont l'air capable imposait à l'Europe, et qui nous ont conduits, avec une si implacable sérénité, où nous sommes aujourd'hui. Car nul ne les a contrariés,

le monde entier les a laissés faire, et nous plus
encore que le monde entier. Et maintenant ils
accusent l'univers, à l'exception d'eux-mêmes. Il
est vraiment inouï que les écueils blanchissent
justement sur la route qu'ils avaient suivie, alors
que, si prudemment, ils ne s'étaient jamais éloignés de la côte, et que tous les autres avaient
pris la haute mer ! C'est la côte qui a tort d'être
si près des brisants, et c'est la haute mer qui a
tort de ne pas avoir gardé les récifs pour elle.
Eux seuls ont toujours eu raison ; ils l'ont encore ; et la preuve, c'est qu'ils sauront se croiser
les bras, et ne plus toucher, certes, à un gouver-
nail qui les a menés vers les bas-fonds.

C'est à nous de nous débrouiller désormais.
Nous y réussirions peut-être si, au moindre mouvement que nous tentons, les grands hommes
n'étaient pas là, criant de toutes les forces de
leurs poumons : « Ne bougez pas, vous courez
aux abîmes ! » Mais nous y sommes dans les
abîmes. C'est même vous qui nous y avez mis.
A moins d'imaginer que la terre va s'entr'ouvrir,
ce qu'elle ne fait pas sous nos latitudes, nous ne
pouvons pas rouler plus bas. Rien ne va plus. Le
pouvoir est sur le qui-vive, les esprits sur les
épines, les bourgeois dans les transes, le peuple
dans l'angoisse noire. Les villes ont peur des

campagnes, les villages des usines, les riches des pauvres, l'ouvrier des soldats, le droit de la force. La force a peur d'elle-même, comme si elle se sentait employée à une mauvaise besogne. Tout le monde a peur de ceux qui nous gouvernent, comme on a peur d'un enfant qui joue avec une arme chargée.

Le peuple ne voit dans le pouvoir qu'une officine d'oppression; le bourgeois, dans la masse entière des travailleurs, qu'une armée de désordre. Ces populations si douces que, pendant cinquante ans, on a pu gouverner sans soldats, sans gendarmes, par la seule habitude du travail et la soumission coutumière à l'écharpe du bourgmestre et à la robe du juge de paix, les voici transformées en hordes de brigands. On ne distingue plus entre l'outil de l'ouvrier et le ciseau du carroubleur. Quand nos placides houilleurs, noirs de la poussière du charbon, — poussière de travail, — remontent au jour, c'est comme si l'on voyait sortir des antipodes les nègres de Saint-Domingue. Notre peuple, sans rival pour son fonds inépuisable de bonasserie, le premier du monde pour les fanfares et les tirs à l'arc, les concours de pinsons et de pêcheurs à la ligne, pour les ducasses, les kermesses, les tournées, les guindailles, les gueuletons et les rigodons, où la maison d'Autriche a fait son beurre, la maison de Hollande son fromage, et la maison de Belgique sa crême, sans que la bonne vache à lait ait jamais regimbé ou joué de la corne, un pareil peuple est comparé couramment aux chauffeurs, aux jacques, aux routiers, aux chouans, à tous les bandits de l'histoire. Quand il parle de se rassembler, les sabres sortent de leur fourreau, les canons de leur gaîne, les revolvers de leur étui. Lorsqu'on annonce une visite de la province, la capitale se roule en porc-épic hérissé de baïonnettes. Chaque mois du calendrier est marqué d'une des échéances de la fin du monde, et quand une échéance est protestée comme au 13 juin, on renouvelle pour le 15 août, mais, de date en date, on s'apprête à sauter, comme le négociant en état de faillite.

Et l'imagination populaire ne demeure pas en reste sur la nôtre. Notre bourgeoisie la plus humaine, la plus pacifique, la plus laborieuse de l'Europe, prend, aux yeux du peuple, la figure d'une immense et sinistre conspiration d'exacteurs, dure et rapace comme Shylock, perverse et cynique comme les Borgia. Pour quelques actes immoraux ou criminels qui ont éclaté dans les hautes sphères, il n'y a plus là pour le peuple qu'une pourriture en train de couler au ruisseau.

On croit voir notre petite monarchie bénévole se préparer à jouer les Philippe II et le duc d'Albe.

Et par un phénomène étrange, nos bourgeois, à force de s'entendre dire qu'ils sont corrompus et féroces, finissent par croire à leur propre corruption et à leur propre férocité. Et les ouvriers, voyant la terreur qu'ils inspirent, finissent par se sentir terribles, et ils annoncent à bref délai, le bouleversement, la révolution sociale. Tout cela est-il assez ridicule? mais non ridicule seulement, dangereux et alarmant. Car, lorsque les éléments constitutifs d'un peuple, si sains qu'ils soient, se détraquent à ce point qu'ils se mettent non seulement à réagir l'un contre l'autre, mais à se sentir eux-mêmes blessés et mortellement atteints, la dislocation peut suivre, et la décomposition sociale. La maladie a beau n'être que dans le cerveau, elle risque de provoquer des désordres organiques irrémédiables. On se trouve alors devant ce cas pathologique, où le malade ne peut plus être guéri. parce que la disposition morbide qui domine, vient perturber le régime qu'on voudrait appliquer, et transforme en poisons les remèdes qu'on voudrait introduire. Que faire d'un patient insurgé contre lui-même et s'ingéniant à aggraver son mal par la résistance volontaire à tous les moyens de salut? C'est le suicide par révulsion vitale.

II

Par quel concours de circonstances, par quelle série de fautes et d'erreurs, en sommes-nous arrivés à ce lamentable état? Une analyse impartiale des causes de la maladie nous fera découvrir, peut-être, les moyens de guérison, et s'il est temps encore d'y recourir. Voyons comment les crises économique, politique, morale, se sont engendrées l'une l'autre, comment la Trinité fatale a pris corps successivement dans ses trois éléments, le Fils sortant du père, égal à lui, non pour sauver mais pour maudire, et tous les deux procréant le mauvais Esprit auquel nous sommes en proie.

Il ne faut pas remonter bien haut. Les générations de la perversion sont rapides.

Il y a trois ans encore, la situation était calme, paraissait régulière. Le parti libéral au pouvoir semblait au début d'une longue période de gouvernement. Les difficultés étaient médiocres : la plus lourde, la question scolaire, n'était plus aux mains des adversaires qu'une arme brisée par les élections de 1882. Les cléricaux se résignaient. Leur opposition était rentrée dans les bornes où depuis longtemps elle s'était circonscrite. Dans le pays même, nulle émotion, aucune formation dangereuse. Si dans la presse démocratique une tentative isolée d'agitation se manifestait, elle restait sans écho perceptible. Le pays dormait à son ordinaire.

Pour qui eût placé la main sur le cœur du pays endormi, ce sommeil n'était pas cependant le repos. L'inconscience restait complète, mais sous l'impassibilité de l'attitude, l'observateur attentif eût senti courir des mouvements fugaces et deviné des contractions sourdes, déclarant des souffrances latentes et un trouble certain.

Dès lors, en effet, malgré qu'on semblât l'ignorer, les sources de la vie économique étaient atteintes. Il suffisait de parcourir nos centres industriels, pour voir, hélas! déjà, ou bien les feux éteints, ou bien ceux qui brûlaient, comme consumés d'une sorte de fièvre, qui leur faisait exagérer l'action pour lutter par l'abondance et la vileté des produits avec la concurrence étrangère. Le capital s'épuisait : le travail surmené devait tendre davantage son effort à mesure que diminuaient les salaires. Rupture d'équilibre, qui devait amener une rupture des forces. Et l'industrie périclitante n'en voyait pas

moins arriver sans cesse des bras nouveaux,
venant s'offrir, sans choix, comme une marchan-
dise de rebut. — En effet les champs, dès lors
non plus ne rendaient pas. Les épis sans nombre
avaient beau darder leurs pointes gonflées de
suc; ils poussaient comme une herbe presque
inutile. La Belgique, la patrie du blé sur le continent, dont on eût pu dire avec vérité autrefois,
que lorsque ses froments brunissaient au soleil,
c'était une vraie poussière d'or qui brillait,
notre antique pays de laboureurs était déchu de
sa royauté agricole; nos fils de paysans n'avaient
plus rien à demander au labeur, depuis que
l'océan inculte devenait plus fertile que le sol
des ancêtres, que le sillage des vaisseaux était
plus fécond que le sillon des charrues, et que la
mer nous inondait de grains plus que la terre
n'en pouvait produire. — Et qu'est-ce que l'épanouissement des villes, le luxe des capitales,
sinon comme une floraison brillante dont les
racines ne sont que dans l'agriculture et dans
l'industrie? Si l'on pouvait regarder d'une grande
hauteur, a vol d'oiseau, ce pays si riche en
villes puissantes, on croirait voir une profusion
d'énormes fleurs blanches, éparses, par d'invisi-
bles fibres trempant au travail obscur de l'usine
et du champ, y suçant leur éclat, et se décolo-

rant aussitôt que la sève fécondante se raréfie.

Sans doute, il y a trois ans, nous n'étions pas atteints de cette anxiété qui nous domine aujourd'hui et nous empêche de rester en place un moment. Quand des politiques supérieurs et quasi-infaillibles méconnaissaient la situation à la Chambre, ils n'étaient encore qu'affligeants. Cependant on sait aujourd'hui combien déjà l'état du pays était grave. Et quand un homme ou un peuple est malade et qu'il ne le sait pas ou ne l'avoue pas, c'est par les phénomènes inconscients et par les actes réflexes que l'observateur réussira précisément à déterminer le diagnostic de son état réel.

Un des symptômes, non encore très apparent, de la situation, était l'irritation sourde, le malaise instinctif qui, en ce temps, gagnait certains de nos hommes politiques. A l'approche d'une perturbation atmosphérique, les aiguilles aimantées dansent fébrilement ; c'est probablement ainsi que des hommes politiques, placés par leur situation au centre des courants, éprouvent d'involontaires secousses nerveuses, quand les choses, sans même qu'ils s'en aperçoivent, se gâtent autour d'eux. Il est certain que, dès le commencement de 1883, M. Frère-Orban, par exemple, n'était plus dans son assiette. Comme chef du gouvernement il était sans doute, plus que d'autres, affecté par la situation ambiante, quoiqu'il n'en eut aucune notion précise. On le vit tout-à-coup s'agiter, répondre par des interruptions brusques à des paroles inoffensives, accomplir une foule de mouvements réflexes qui certainement dépassaient ses intentions. Son tempérament impressionnable était en éveil avant sa pensée. Lui-même n'attribuait probablement son excitation qu'au pressentiment de difficultés purement politiques. C'est à elles qu'il essaya de s'en prendre.

Depuis plusieurs années, il avait vu Bruxelles entrer dans un courant qui n'était pas le sien, et quoiqu'il n'y eut eu aucune hostilité déclarée, une ou deux fois déjà, tout à fait à l'improviste, des heurts presque violents s'étaient produits entre lui et certains des députés que la capitale avait placés à côté de lui dans le parti libéral. Par moments même, il avait senti sa majorité si souple, résister, lui échapper pour un instant, manifester aux nouveaux venus une sympathie inquiétante. En des temps ordinaires rien de tout cela n'eût ému un ancien tacticien parlementaire, car le rôle ordinaire des chefs de parti est de ramener sans violence et par absoption insensible les éléments nouveaux qui viennent en tout temps alimenter les partis politiques; et dans sa longue carrière M. Frère-Orban avait vu surgir bien d'autres personnalités, d'abord réfractaires, qu'il avait réussi à assimiler. Les nouveaux venus, du reste, n'arrivaient avec rien qui n'appartint au bagage ordinaire du parti libéral. Les tendances étaient sans doute plus démocratiques, mais il eût été facile de retrouver des tendances presque semblables chez un grand nombre de ceux qui avaient fini par s'incorporer intégralement au libéralisme. Dans tous les cas, les nouveaux venus valaient la peine qu'on essayât de faire leur conquête. Et l'on peut l'avouer : en diverses questions assez délicates, ils ne s'étaient guère montrés rébarbatifs. On eût pu se plaindre plutôt de leur disposition excessive aux accomodements.

Mais que peut la simple logique contre les impressions irrésistibles d'un système nerveux, et quand un homme a pris dans un parti la position prépondérante que M. Frère occupait parmi les libéraux, comment empêcher qu'un accès de fièvre individuelle puisse ouvrir au parti des destinées nouvelles, ou fermer celles qu'il avait ouvertes devant lui?

M. Frère Orban venait de présenter à la Chambre un projet de réforme électorale b

sur la capacité scolaire et qui était depuis longtemps sollicité et attendu. Il n'en voulait que
l'application d'abord pour la commune et la province, et il était entendu que l'on se contenterait
pour le moment de cette bagatelle. Mais il était
clair pour tous que ce premier pas en appelait
un autre dans un temps rapproché, et il était
naturel que ceux des députés bruxellois qui
avaient été élus en vue d'une réforme électorale
sérieuse, profitassent d'une première concession
pour affirmer au moins le principe au nom duquel ils avaient été choisis. On les vit donc déposer
une proposition qui tendait à élargir le corps
électoral politique, celui qui nomme les Chambres, et non pas seulement les corps administratifs de la commune et de la province. Pour
en arriver là, il fallait, comme chacun sait,
reviser un article de la Constitution. Un vœu
de revision fut formulé.

Si M. Frère avait eu, à ce moment, la pleine
possession de lui-même, nul doute qu'il eût
accueilli ce simple vœu d'un sourire bienveillant,
ou même d'un sourire malicieux. Car, non seulement on adoptait la réforme capacitaire de
M. Frère, mais en en réclamant l'application
future au suffrage législatif, on paraissait ré-
server un long avenir au principe même de ce

tronçon de système. Là, où l'on eût pu s'élever avec force contre une exclusion nouvelle et voulue des classes ouvrières, on acceptait comme un progrès véritable ce qui n'était qu'une réaction déguisée. L'Extrême-Gauche enterrait sa démocratie sous des fleurs de rhétorique, pour ne pas rompre en visière à l'union du parti libéral et à la suprématie même de M. Frère-Orban.

Aussi quelle ne fut pas la stupéfaction de tous, lorsque devant une attitude aussi débonnaire, on vit M. Frère se dresser tout à coup, et, en présence de la majorité terrifiée et de l'opposition ricanante, lancer à l'Extrême-Gauche la plus formidable série d'anathèmes qu'ait jamais clamée dans le désert de la Thébaïde un prophète mangeur de sauterelles ! C'est le cas de dire, qu'à côté des malédictions de M. Frère, celles de Pathmos même n'étaient que de la Saint-Jean. Il eût suffi d'une lueur de bon sens dans la majorité libérale pour rendre à la situation son caractère véritable, et couper court à cet accès. Il était clair qu'une explosion aussi soudaine ne pouvait être chez notre premier ministre que le résultat d'une vibration excessive des nerfs ou d'un coup de tempérament. On avait laissé M. Frère depuis longtemps prendre des allures de pontife, et les pontifes, en vieillissant, ont de ces quintes imprécatoires. On se rappelle que Pie IX ne savait plus à la fin aspirer une prise de tabac sans éternuer aussitôt une excommunication majeure. M. Frère a la verdeur sanguine de Pie IX et ses prétentions à l'infaillibilité. On pouvait laisser éternuer M. Frère sans lui manquer aucunement de respect.

Malheureusement ce n'est pas ainsi que les choses se passèrent. La majorité libérale fut-elle empoignée par les accents stridents de son chef, qui est vraiment épique lorsqu'il emploie sa voix de tête? Ou bien des esprits avisés trouvèrent-ils l'occasion bonne pour ramasser une arme lancée avec cette force et en accabler des rivaux politiques? Toujours est-il qu'en un moment, dans la Chambre, dans la presse, dans certaines réunions, s'éleva contre l'Exrême-Gauche un concert de récriminations et d'objurgations, que l'on peut à peine comparer au charivari de cris lugubres que tout un village, en Corse, vient vociférer autour du lit d'un décédé, ou mieux encore aux hurlements de désespoir que ferait pousser à une meute entière de chiens de chasse une inoffensive musique de piano. Qui donc eût pu s'attendre à un aussi formidable tapage en l'honneur de cette barcarolle de la revision au profit des capacitaires?

Mais si le tapage était comique, les conséquences en furent graves. C'était, en un seul
jour, le parti libéral divisé, sa majorité perdue,
son entente détruite, son prestige évanoui.
C'était l'avenir fermé, les progrès les plus modestes rendus irréalisables. C'était un grand
parti condamné à suivre un homme dans ses
extravagances, et à se disloquer, à tomber en
miettes pour n'avoir pas su le ramener à la
raison. C'était une formidable et inutile crise
politique qui s'ouvrait. Il n'y a pas crise politique quand une opinion, ayant occupé le pouvoir et y ayant épuisé son influence et ses forces,
tombe naturellement pour - être remplacée par
une autre opinion, C'est là le jeu régulier des
institutions parlementaires. Il y a crise, lorsqu'un parti qui a conservé la confiance publique,
et devant lequel la carrière restait assurée pour
plusieurs années, se voit à l'improviste, accidèn-
tellement, brisé, réduit à l'impuissance. Car
alors le pays n'est pas préparé à recevoir ses
adversaires, ses adversaires mêmes ne sont pas
préparés au gouvernement. Certes, ils profitent
de l'accident, pour s'emparer du pouvoir, mais
c'est alors d'ordinaire qu'ils en abusent, grisés
par cette fortune imprévue ; et ils commettent à
la hâte des actes qu'ils osaient à peine rêver en

des temps réguliers. Ce faisant, ils accentuent encore les difficultés, jettent le pays de plus en plus en dehors des conditions normales.

L'hallucination de M. Frère, l'aveuglement et la passivité de sa majorité, en faisant faire brusquement au parti libéral, et sans raison, ce soubresaut en arrière, et en le culbutant inopinément du pouvoir, provoquaient la crise politique qui dure encore. Cet éclat, du même coup, déchirait sur toute leur longueur les voiles qui couvraient encore la situation économique, et comme un coup de vent dans une plaie, en enflammait les souffrances. Et comme si cette double crise ne suffisait pas, une crise morale allait en sortir, comme la fièvre sort de la blessure.

III

M. Frère, pour jeter le désordre dans son parti et dans le pays, n'avait eu qu'à suivre l'impulsion de son orgueil. Sans doute, s'il avait connu, dès 1883, l'état véritable des choses, quoiqu'il lui eût été dévoilé avec force en pleine Chambre, il eût été plus prudent, ne fût-ce que par patriotisme. Mais il n'y a pas de nature plus fermée que la sienne. Esprit purement subjectif, âme ardente ne se nourrissant que d'elle-même, sans communication de pensée, même avec ceux qui l'approchent de plus près, ignorant, plus qu'on ne peut dire, des êtres et des choses de ce pays, — il avouait lui-même récemment à la Chambre qu'il ne connaît pas des hommes qui le coudoient depuis dix ans et qui depuis vingt ans occupent l'opinion publique, — nullement attentif aux transformations du milieu dans lequel il vit, hanté de deux ou trois idées fixes, autour desquelles tournent ses pensées et dont la fixité est pour lui la preuve de leur puissance, habitué à voir son factice entourage parlementaire, le seul qu'il pratique, se plier à l'action persistante de sa volonté inflexible, il n'est pas étonnant qu'un pareil homme s'abandonne aux instincts qui le sollicitent, et qu'il ne soit réveillé de son rêve que par des coups de foudre.

Même aujourd'hui, il n'est pas entièrement éveillé. Est-il croyable que si même il voulait se débarrasser de l'Extrême-Gauche, qui dérangeait peut-être à ses yeux la symétrie exacte de sa majorité soumise, il s'y soit pris comme il l'a fait? Cela seul démontre que le monde vrai qui l'entourait était pour lui comme s'il n'était pas. Il y avait vingt moyens politiques d'entreprendre l'Extrême-Gauche. Mais en 1883, dans la situation économique du pays, songer, lui, le chef du gouvernement, à dénoncer publiquement l'Extrême-Gauche, comme essayant, sous le masque de la révision, de faire passer la République et la Révolution sociale, c'était là une de ces inspirations, comme Jupiter seul en suggérait jadis à ceux qu'il voulait perdre. Il y a des images et des idées qu'impunément on n'appelle pas à de certains jours. La politique ne se compose pas seulement de faits matériels, mais d'impressions, d'illusions, de croyances et d'erreurs. En politique, évoquer avec force des fantômes, c'est risquer de leur donner un corps. Certes, tout le monde savait bien que l'Extrême-Gauche n'était ni révolutionnaire, ni républicaine; M. Frère et ses amis devaient le savoir comme tout le monde. Mais pour ameuter des intérêts et des passions, la dénoncer comme telle, dans l'espoir d'attirer sur elle la vindicte bourgeoise, reconnaître faussement à la République et à la Révolution des représentants officiels dans la Chambre, provoquer volontairement et inutilement le péril social, et essayer même, sans nécessité, de lui donner une tête et une direction, c'était là une de ces énormités comme les illuminés seuls peuvent en commettre. Il est vrai que les exaltés de l'âge de M. Frère ne sont pas tout entraînement. Certes, il y avait une manœuvre sous cette fougue. C'est une vieille tactique, d'envelopper son ennemi de quelque accusation terrible, pour le blesser plus sûrement pendant qu'il se débat. Les bravi jetaient leur manteau sur la tête de l'adversaire, et le frappaient au ventre pendant qu'il avait les bras embarrassés. Le drap rouge que M. Frère agitait à la tribune, ne devait servir qu'à envelopper l'Extrême-Gauche. Quand on l'y verrait étranglée, on la pousserait ensuite sans danger à la rivière.

Au surplus le péril social n'est-il pas un des accessoires obligés de la vie parlementaire? Mais n'en use pas qui veut. Il faut une dextérité très grande pour le faire apparaître juste assez, pour effrayer et mater le bourgeois, sans exciter et fasciner le populaire. M. Thiers excellait à ce jeu, encore s'y est-il brûlé. Pendant sa belle époque, il savait donner au péril la consistance qu'il fallait, pour avoir quelque mérite à le dissiper, mais sans dépasser la mesure de la bonne comédie. Le pays avait le plaisir de se sentir sauvé de temps en temps, sans avoir passé par des transes trop vives, ce qui n'était pas désagréable.

M. Guizot, au contraire, était, sur ce point,

franchement mauvais. Il appuyait trop, paraissait trop convaincu, ne connaissait pas les bornes. Il cria si bien et si longtemps que la Révolution allait venir, et qu'il fallait résister à outrance et sans relâche, qu'un matin la Révolution se trouva dans la rue, devant une résistance énervée.

M. Frère est de l'école de M. Guizot, il n'a pas compris que lorsqu'un homme, disposant d'une grande influence, et doué d'une réelle puissance de projection intellectuelle, fixe obstinément l'attention publique sur des spectres qu'il a fait surgir, il arrive un moment où l'imagination publique retient les fantômes évoqués, s'en pénètre comme s'ils avaient une réalité objective, s'en inspire, y conforme sa pensée et ses actes. Dans une société aussi troublée que la nôtre, en notre siècle labouré d'événements imprévus et terribles, des milliers de gens, chaque matin, interrogent l'horizon, prêts à se jeter à toute nouveauté qui leur apportera une espérance. Et lorsqu'alors ces mots de République, de Révolution, se mettent à ronfler dans le langage ordinaire des journaux et des assemblées, les souffrances cachées, les désespoirs muets, les ambitions secrètes, tout ce formidable inconnu fait de misères, de colères et de besoins, se met à fermenter dans les foules. Vous appelez la République : on voit sortir de terre des groupes républicains ; vous dénoncez la révolution sociale : la clameur des revendications populaires s'élève et vous répond. Ce n'est plus un spectre, c'est un tourbillon de haines et de passions véritables. Le peuple souffrant s'y jette, au risque d'y être broyé, le bourgeois recule épouvanté, fait appel à la force, à la réaction aveugle, sans bornes !....

C'est ce que vous vouliez peut-être ? Les bourgeois, depuis des années, vous paraissaient aller trop aisément à la démocratie. Vos privilèges s'alarmaient. Vous voyiez l'horizon lentement changer autour de vous, des mouvement s'accomplir, qui, sans secousses, comme par un travail géologique, nivelaient progressivement les couches. Vous sentiez la butte, sur laquelle trônent vos intérêts, insensiblement fondre sous une dépression naturelle, presqu'imperceptible. Vous avez voulu arrêter court ce mouvement profond, historique. Vous avez pensé qu'un effroi salutaire, ramassant la bourgeoisie autour de vous, c'était votre citadelle restaurée, se relevant menaçante et imprenable. Vous avez provoqué, accepté la réaction quand même, parce qu'elle remettrait entre vos mains, ou en d'autres mains pour votre compte, le faisceau des privilèges. Et c'est contre ceux qui vous paraissaient être les instruments de ce progrès lent, mais irrésistible, que vous avez soulevé les passions, non parce qu'ils étaient la menace révolutionnaire, mais précisément parce qu'ils étaient l'ascension normale, mais infrangible des couches profondes, et le déclin graduel, mais fatal de votre domination. Mieux vaut encore, n'est-ce pas, la révolution, qui est la guerre, et dans la guerre on peut vaincre, que cette transformation pacifique où vous deviez finir par céder, sans même pouvoir combattre? Et alors vous avez, sans tarder, à la hâte, sous prétexte d'Extrême-Gauche, déchaîné la réaction autour de vous, pour que ce torrent vous séparât à nouveau de la masse de la nation, et creusât l'abîme au delà duquel put rester debout votre noire forteresse!

Si c'est cela que vous avez voulu, vous avez réussi. Hallucinations ou terreurs feintes, vos paroles ont ouvert le gouffre, et la nation maintenant est divisée en deux armées ennemies. D'un côté tout le peuple, de l'autre presque toute la bourgeoisie, et des montagnes de haines s'amassent de chaque côté. Entre les deux, nous, désemparés, impuissants, les premiers exposés aux coups, de quelque côté qu'ils viennent. Au siège de Jérusalem, au moment où l'armée romaine allait tenter l'attaque, on vit un homme vêtu de blanc paraître sur les remparts, et en faire trois fois le tour, criant : Malheur à la ville, malheur à la nation ! puis il tomba mort, frappé d'une pierre. Nous avons fait, hélas! plus de trois fois le tour de vos priviléges, et tout donne à croire que nous ne saurons pas en empêcher l'assaut.

IV

Mais, quoi qu'il arrive, et que vous soyez vainqueurs ou non, notre édifice politique, tel que cinquante ans de prudence l'avaient élevé, dès à présent est détruit. Vous avez, avec violences et menaces, résisté à une demande modérée de revision, à accomplir avec votre aide, dans les conditions légales, et dès maintenant, une autre revision est faite : la Constitution est ruinée. Que reste-t-il debout de ce contrat solennel entre tous les citoyens, comme entre la nation et les pouvoirs de la nation? La royauté est battue en brèche, tous les jours, par des foules toujours grossissantes. La législature fonctionne, ses lois sont appliquées, mais son droit même de représenter la nation est contesté, méconnu par des masses énormes, qui ne voient plus en elle

que l'émanation d'une caste, et non l'expression
légitime du pays. Les libertés publiques ne sont
plus respectées, ni par ceux qui peuvent en user,
car ils essaient d'en faire des instruments de perturbation, ni par ceux qui ont pour devoir de les
protéger, car ils n'en permettent l'exercice qu'au
gré de leurs frayeurs ou de leurs caprices. L'armée, qui ne devrait être que le bras armé de la
nation contre l'étranger, ou pour nous-mêmes le
dernier rempart de l'ordre, est employée tout entière aux services inférieurs de la police et de la sécurité, comme si la justice et les moyens dont elle
dispose étaient désormais impuissants. Depuis
six mois il ne s'est peut être pas passé huit jours
sans que l'état de siège ait été appliqué en fait,
dans quelque partie du pays. C'est un état de
siège, que l'armée ou la garde civique campant
dans la rue ou consignées, pour prévenir toute
agitation publique, comme si toute agitation ne
pouvait plus être que séditieuse. Heureusement,
jusqu'ici aucune collision grave et irréparable
n'a eu lieu. Mais il faut bien le dire : si de part
et d'autre on hésite, si on se retient, c'est par un
reste de cette horreur sacrée qui fait que les enfants d'un même pays ne peuvent pas s'entré-
gorger sans une révolte de toute la nature.
Pour pacifier, cependant, pour rapprocher, rien

n'est fait, et l'on devine dans l'ombre je ne sais quels cerveaux sinistres qui déjà calculent et escomptent les suites d'un choc suprême et fatal. Ah! non en bas seulement, en haut! Il y a des hommes qui ont appris dans l'histoire que les pouvoirs forts ne s'établissent que dans le sang. Car l'histoire où chacun puise les leçons appropriées à sa nature, sert aussi à enseigner le crime. Des politiques de cette sorte existent, comme le tigre et le chacal existent; et c'est le propre des époques troublées de pouvoir donner tout à coup un champ d'action à ces êtres de proie. Tout est maintenant possible, surtout le mal. Nous ne vivons plus que dans un état de fait, et les faits peuvent détruire les faits. Le droit public est déjà absent. Celui sous lequel nous avons vécu, je le crains bien, ne revivra plus. Il était formé de pondération, de modération, de concessions successives et réciproques. Le jour où quelqu'un qui était le gouvernement, prononçait ce mot : « jamais! » en réponse aux réclamations d'une catégorie entière, de la majorité, de la population, dès ce jour le pacte constitutionnel était atteint. Deux hommes seulement en notre siècle, ont prononcé le mot: « jamais », M. Guizot et M. Frère, et tous les deux ont ruiné le régime qu'ils avaient pour devoir de défendre. Quand l'un dit : jamais, l'autre dit : tout ou rien. Dès ce moment c'est la force qui décidera.

V

Mais qu'importe M. Frère-Orban, puisqu'il ne gouverne plus ! — Et qu'importe s'il gouverne, quand la situation qu'il a créée subsiste tout entière, qu'elle se développe et s'aggrave chaque jour, et quand ceux qui gouvernent, non seulement la subissent sans résistance, mais travaillent eux-mêmes à la rendre irrémédiable ! Le clergé a remplacé la finance au pouvoir, mais en prenant la place, il a gardé la position, il n'est à son tour que la coalition des intérêts conservateurs. Rien n'est changé au fond, un pas seulement a été fait vers l'extrême. Tant que les libéraux dirigeaient, un espoir subsistait, c'est que la classe nouvelle qu'ils avaient préparée, celle des capacitaires, aurait réussi, malgré M. Frère, à s'établir, en se renforçant, entre la démocratie et la réaction, pour attirer progressivement la première et neutraliser la seconde. Le droit de suffrage pour les Chambres, attribué à temps aux capacitaires, eût été un tampon entre les deux forces opposées.

Aujourd'hui cela même est devenu impossible.

Les catholiques n'accompliront pas une pareille réforme, et les forces grandissantes de la démocratie ne laisseront plus aux libéraux le temps de la réaliser. La situation est donc telle que la voulait M. Frère. Le censitarisme inféodé à la réaction, en face du reste de la nation, privé de droits, condamné à n'en jamais posséder. Et c'est, du reste, M. Frère seul qui ose prendre la responsabilité publique d'un pareil état de choses. Au lendemain des troubles de Charleroi, c'est lui qui se levait à la Chambre, qui poussait à la répression, qui, seul, bientôt après, ébauchait un plan de concessions illusoires, lequel n'était qu'une négation nouvelle et implicite des droits fondamentaux de la nation. Que faisait cette énorme majorité cléricale? Elle applaudissait le prétendu chef de la Gauche. Que faisait le gouvernement? Il se soumettait, rendait compte de la répression, prenait les mesures indiquées par M. Frère, réunissait pour la forme une commission d'enquête, placée sous la présidence de M. Pirmez. Lui-même s'effaçait, laissait M. Frère seul en vedette avec ses séides doctrinaires, consentait en somme à ce qu'il continuât de commander par personne interposée. Il est resté le vrai maître, celui qui gouverne et n'a pas besoin de régner. C'est toujours à lui que nous avons à faire. Il accomplit son rêve : il constitue, il achève de constituer le grand parti conservateur, ayant à sa tête M. Frère-Orban.

Être le chef des forces conservatrices unies, réprimer la révolution, la provoquer au besoin, pour la terrasser plus sûrement, ce fut le rêve de tous les ministres de la première moitié du siècle, Casimir Périer, Metternich, Guizot. Avec leurs génies mis en commun, et toutes les forces de l'Europe coalisées, ils aboutirent à 1848, qui, lui aussi, enveloppa l'Europe : l'intensité de l'explosion révolutionnaire se produisant exactement en proportion de l'intensité de réaction pratiquée. La leçon fut bonne. Aussi depuis 1848 le programme de tous les vrais hommes d'Etat fut-il exactement le contrepied du rêve antérieur. Tirer parti des mouvements populaires, les discipliner, les diriger dans leurs aspirations, il n'y eut plus dans la politique d'autre grand art que celui-là. C'est avec le suffrage universel que Napoléon III fit l'empire français, avec les idées du Parlement de Francfort que M. de Bismarck fit l'empire allemand, avec la révolution italienne que Cavour fit l'unité italienne, avec la révolution hongroise que François-Joseph restaura l'empire autrichien, à l'aide des forces radicales que

Thiers fonda la République conservatrice, avec les aspirations des colonies et de la démocratie anglaise que Beaconsfield et Gladstone constituèrent la colossale et harmonique fédération britannique, qui aujourd'hui encore a une voix discordante, l'Irlande, mais qui ne l'aura plus demain. A cet immense et merveilleux système de la politique nouvelle, qui embrasse l'Europe et les deux Amériques, et sur lequel, aussi, le soleil ne se couche jamais, il y a une exception, c'est la Belgique — car l'empire russe appartient à l'Asie — et en Belgique même, pour recommencer la politique de Metternich, il y a un homme, c'est M. Frère-Orban. Seul dans l'univers il n'accepte rien de ce qui a suivi 1848. Seul, il dit « jamais » à la démocratie des deux mondes, et il est convaincu que c'est la démocratie qui reculera.

VI

Est-ce que la Belgique va longtemps encore supporter le ridicule qui commence à s'attacher à son nom? Est-ce que nous allons nous entr'égorger pour donner raison à M. Frère contre l'univers? Est-ce que nous allons recommencer le roi Bomba par peur de nos travailleurs industriels? Est-ce la gloire de Philippe II qui empêche Léopold II de dormir? Est-ce que nous allons décimer nos populations, plutôt que de leur reconnaître les droits que possèdent le dernier muletier des Alpes et le dernier ânier des Pyrénées? Est-ce que nous laisserons faire de nos ouvriers des muets, et des fellahs de nos paysans? Est-ce que nous en sommes encore à croire que l'ordre est troublé quand quelqu'un réclame son droit? Est-ce que nous avons peur d'être les égaux des Français, des Anglais et des Allemands, et ne voulons-nous le rester que des moujiks et des Turcs? Est-ce que nous allons faire du travail un opprobre, de nos usines des prisons, de nos houillères des catacombes, de nos ateliers des bagnes, de nos soldats des garde-chiourmes, et rétablir pour nos ouvriers la peine de mort que nous supprimons pour nos assassins? Tout cela est absurde. On ne va pas impunément à l'encontre de l'évolution universelle. Notre pays n'aura pas de destinées en contradiction avec celles du monde entier. Si la démocratie est un mal, si l'on en meurt, nous périrons avec l'univers, mais nous ne nous sauverons pas contre lui. Et pourquoi serait-elle un mal? Quel est le pays qui, une fois qu'il l'a conquise, y voudrait renoncer? Quel est le pays que la démocratie ait rendu moins fier, moins digne, moins laborieux, moins riche, moins savant, moins moral, moins fort, moins libre et moins maître de lui-même? Avons-nous nous-mêmes ces biens en telle proportion que nous ne puissions que perdre? Si la démocratie est un mal, en peut-elle être un plus grand que celui d'être en guerre entre nous, de trembler les uns devant les autres, et de ne devoir notre sécurité d'un jour qu'au silence et à la force? Finissons donc cette odieuse comédie d'une guerre sociale dans une fourmilière. Un de nos voisins n'aurait qu'à mettre le pied sur la fourmilière, et ce serait fini. Et puisque nous sommes à la fois le plus jeune et le plus vieux peuple de l'Europe, le plus jeune par son établissement politique, le plus vieux par ses traditions mentales, civiques, laborieuses, tâchons de ne rester ni inférieurs à nos vieilles communes, ni disparates avec l'Europe moderne. Si quelque part la démocratie a droit de cité, si quelque part les droits du citoyen peuvent se confondre avec les droits de l'homme, c'est chez nous. Il n'y a pas un paysan, pas un ouvrier de Belgique, qui n'ait cent fois plus de droit d'être un citoyen, que n'importe quel habitant de France ou d'Allemagne, parce que nulle part autant qu'ici, les hommes ne se sont consacrés, de père en fils, au travail, à la liberté et à la paix.

Des trois crises enchevétrées l'une dans l'autre, dont nous souffrons, deux peuvent disparaître immédiatement, la crise politique et la crise morale, par le droit reconnu à tous les grands intérêts sociaux de se faire représenter dans les conseils politiques du pays. Car d'imaginer encore que l'on pourrait accorder le droit de suffrage à la capacité, et en tenir exclu le travail, il n'y faut plus songer. Si l'on refuse au travail son droit d'exister politiquement, il le prendra. Il s'agit pour lui de vie ou de mort.

Les droits politiques reconnus ne donneront certes pas encore la solution économique, mais ils fourniront le moyen d'y parvenir, par ce qui est de nécessité première, par l'apaisement des haines et des antagonismes violents de partis et de classes. Mettre les intérêts en présence, avec des droits égaux, est l'unique moyen de faire adopter par tous un système économique commun, où le salut des uns ne paraisse pas, comme aujourd'hui, poursuivi au détriment des autres. Quelqu'opinion que l'on ait des mesures économiques à prendre, une chose est certaine, c'est qu'elles doivent être générales, et que la bourgeoisie censitaire a perdu le droit de garder encore en tutelle le reste de la nation, comme le droit de s'adjoindre simplement au subrogé-tuteur, dans la personne des capacitaires. Ce n'est pas une partie de la nation qui est atteinte, toutes les parties le sont, et la nation seule peut désormais se sauver, par l'adoption d'un régime auquel tous auront à se soumettre volontairement, parce que tous l'auront arrêté de commun accord.

AVANT LE COMBAT

I

Avant le grand combat qui menace de s'enga-
ger en Belgique entre les diverses forces sociales et politiques en présence, nous assistons à
des manifestations successives, ressemblant fort
à ces concentrations et mobilisations de troupes
qu'opèrent les armées ennemies, quand la guerre
va être déclarée. En réponse au cortège ouvrier
du 15 août, si imposant et si redoutable par le
déploiement du drapeau rouge qu'adopte le pro-
létariat universel, les conservateurs catholiques
se sont réunis à Liège en un Congrès des œuvres
sociales, qui, lui aussi, a voulu revêtir un caractère international. Et aujourd'hui les bourgeois

libéraux, de leur côté, essaient de se grouper, afin, sans doute, de chercher à prendre position entre le socialisme ouvrier et le socialisme chrétien. On dirait que la Belgique se prépare à devenir le champ clos de cette lutte suprême des classes, annoncée depuis quarante ans, et toujours ajournée, éludée ou réprimée ailleurs.

Ici plus rien, semble-t-il, ne peut nous en sauver ou, tout au moins, nous en distraire. Les diversions à l'extérieur, auxquelles recourent les grands gouvernements pour échapper aux crises trop périlleuses, nous sont interdites : notre neutralité, l'absence de toute action possible au dehors, nous rivent aux effrayantes complications qu'un demi-siècle de silence a accumulées en ce trou grouillant et débordant, plus qu'aucun coin de l'univers, d'une foule acharnée à la bataille de la vie.

Partout, il y a un horizon, un espace, une issue qu'on entrevoit. Au besoin l'on se rue au dehors, quand la place n'est plus tenable, et de toutes les guerres anciennes et modernes, il n'y en a pas une, qui n'ait cette raison cachée, mais irrésistible. Ici nous nous trouvons acculés à des frontières d'airain, nous regardant dans les yeux comme des fauves, et n'ayant qu'à nous entredévorer nous-mêmes.

Pendant longtemps, pour nous faire taire, on nous a menacés de l'étranger, nous laissant croire qu'à la première explosion d'une anarchie intérieure, quelque Cyclope voisin nettoierait notre caverne pour s'y installer lui-même. Et il se peut que dans l'Europe, qui ne voyait de nous que la surface, aient couru des velléités de s'emparer de cette Belgique qui vivait sur sa réputation de richesse paisible.

Aujourd'hui nous n'avons plus rien à craindre de l'Europe, mais nous n'avons plus rien à espérer d'elle. Quand elle nous a connus tels que nous sommes, elle s'est détournée de nous. Cette immense hypocrisie de nos classes gouvernantes, qui pendant cinquante ans ont joué devant le monde, la comédie de la prospérité et de la paix, alors que le gaspillage, la rapacité, l'exaction fourragaient fiévreusement le pays, empilant, ramassant jusqu'aux bribes, et laissant aujourd'hui nos ressources taries, nos populations épuisées; ce champartage éhonté, raflant tout, ne restituant jamais rien, et conduisant à la ruine et à la misère noire, la contrée la plus riche du continent en hommes et en ressources; le spectacle de nos déchirements, de nos luttes stériles, de notre lâcheté qui n'ose même pas regarder en face le péril croissant, bientôt irrémédiable;

cette faillite à nous-mêmes et à nos destinées ; cette trahison de la confiance que l'on avait mise en nous, en nous assurant la liberté et la paix, lorsque de la liberté nous n'avons fait que le masque de notre égoïsme, et que de notre sécurité nous avons fait sortir, pour nos serfs de la glèbe et de la machine, un despotisme aussi atroce que celui de la féodalité ; une aussi monstrueuse contradiction entre ce que nous sommes et ce que l'on nous croyait être, ont rebuté l'Europe. Une chose est aujourd'hui certaine: Nous nous tirerons de peine, comme nous pourrons, et si nous pouvons. Mais, dussions nous périr, aucune main ne nous sera tendue. Que si, nous montrant impuissants à maintenir l'ordre matériel, l'on s'entendait pour nous envoyer des soldats, ce serait l'occupation, mais non même l'annexion. Dans certaines parties du pays, ceux qui nous ont ruinés la rêvent peut-être pour rétablir leurs affaires. Qu'ils le sachent, ils feraient vainement, pour se remettre à flot, le « sacrifice de leur patriotisme ». Nous aurions à supporter en plus les lourdes charges d'une police militaire, mais nos frontières économiques resteraient debout. Nul ne se soucierait d'accepter en partage notre situation économique, avec nos milliers de bras inoccupés, nos populations grondantes de colère et de faim.

C'est que la lumière s'est faite brutale, implacable. La Belgique est apparue ce qu'elle est : un
bagne dont l'horreur silencieuse est plus sinistre
que ne l'ont été ailleurs les plus sombres catastrophes. L'enquête ouvrière, étourdiment or-
donnée et conduite, d'autant plus fidèle, hélas !
a révélé dans nos populations une accumulation
de souffrances plus écrasante et stupéfiante que
chez tout autre peuple, parce que chez nous l'ouvrier est empoigné, étreint de tous les côtés à là
fois : Le salaire dérisoire, non assuré même pour
le lendemain, rogné, dès le paiement, par
l'amende, agrippé par la cantine obligatoire,
entamé par le crédit usuraire du boutiquier,
parfois confisqué en presque totalité par le patron lui-même ou par le contre-maître s'imposant comme fournisseurs forcés. S'il en reste
quelque chose, ce ne sera plus, dans la main de
l'ouvrier, la petite somme réglementaire et fixe
qui donnera tout au moins la sécurité de la quin-
zaine ; ce ne sera qu'une monnaie éparpillée qui
glissera, sou par sou, aux tiroirs des cabarets de
la route. Car c'est sur la route que vit l'ouvrier
belge, lui, le misérable, et sa famille, entre
l'usine ou le charbonnage, noirs, béants, armés
de leurs règlements de fer, buvant, sans jamais
s'assouvir, les heures de travail jusqu'à épuise-

ment des forces humaines, et le foyer désert, à
l'abandon, où l'homme, la femme et l'enfant ne
rentrent que pour se repaître un moment, et dormir dans l'accablement des fatigues excessives.

Ne parlons plus de famille. La femme et
l'homme ne sont pas même des compagnons de
labeur comme les bœufs, qui, au moins, traînent
la charrue côte à côte; ils peinent et besognent,
arrachés l'un à l'autre, et le baiser qu'ils échan-
gent en une heure hasardeuse, n'est que l'accou-
plement hâtif de deux bêtes traquées qui repren-
nent leur course après l'assouvissement d'un
besoin. Et l'enfant, l'être innocent et délicat, la
fleur, le sourire et le charme de notre sombre
humanité, flétri presque dès la naissance, jeté en
pâture à l'industrie dévorante, oublié, perdu,
déchiré, pantelant, sous la dent lourde de la machine aveugle et sous la main de l'homme plus
dur parfois et plus impitoyable que le fer des
engrenages! Car si l'enquête a mis au jour les
conditions affreuses, exténuantes du travail où
sont broyées nos populations ouvrières‘ quelque
chose de plus révoltant encore s'ajoute à tant
d'horreurs : c'est l'absence de pitié, le cynisme
sans entrailles de ceux au profit de qui s'accomplit cette extermination méthodique de notre peuple. Pas un rayon d'humanité n'est venu éclairer

cette gehenne. Il y a de la pitié, de la lumière et de l'amour dans l'enfer du Dante. Ici, non. Hélas! l'amour, la dernière, mais la plus divine forme de la liberté, lui-même a disparu. L'enfant et la femme sont à la machine, et la machine tue mais ne souille point. La jeune fille, pourvu qu'elle ait sur les lèvres l'épanouissement de la vie, n'aura pas même la douloureuse joie de se donner librement : son maigre salaire devra payer aussi sa beauté.

Aussi quelle haine concentrée et sourde dans tous ces cœurs foulés depuis l'enfance, et qui savent quelle vieillesse les attend : jetés au rebut comme des outils ébréchés ! Quels cris de colère sauvage à travers cette enquête, et comme ils se comprennent en présence de l'assurance méprisante et froide des patrons, qui se contentent de nier tout, jusqu'à l'évidence, certains d'être soutenus par la force publique qui veille et par la loi qui les couvre ! Car, au delà de l'horizon étroit de l'atelier, au delà de la silhouette impassible du maître, l'ouvrier peut apercevoir la société entière armée contre lui : le glaive de la justice levé, la gueule du canon ouverte. L'enquête devait rechercher les causes d'une crise économique temporaire : elle a fait connaître un état social, tel que l'a fait une longue et persistante iniquité, se développant en tous sens sans jamais rencontrer d'obstacles. Pour réduire les uns à tant de dureté et gonfler les autres de tant de fiel, pour que les abus et les injustices aient pu s'enchevêtrer à ce point et pénétrer, envelopper tout l'ordre économique et moral, il a fallu que, pendant de longues années, rien ne vint un seul jour arrêter les progrès du mal et couper sur aucun point l'envahissement de la lèpre.

Il a fallu que ceux qui nous ont fait descendre aussi bas, aient pu, sous couleur de liberté, disposer de la complicité sans réserves des pouvoirs publics. Ce n'est pas seulement un état social qui est jugé, mais en même temps un régime politique. Ce qui apparaît effrayant, décourageant, c'est le néant des Constitutions, des garanties politiques et civiles, des libertés officielles, de l'ordre dit légal, de l'évolution appelée pacifique, des religions dites chrétiennes et bienfaisantes, puisque sous de pareils dehors éclatants et trompeurs, a pu croître et se multiplier un pareil monde d'iniquités monstrueuses.

C'est le néant, ose-t-on affirmer déjà, de la civilisation moderne tout entière ! Non pas, car la civilisation, c'est la science, et, entre la science et la justice, l'équation peut être trouvée.

Mais il est certain, dès aujourd'hui, que ce n'est pas la liberté seule qui la trouvera et qui saura la réaliser.

II

L'enquête ouvrière n'a pas seulement exposé les griefs des salariés, elle a fait connaître aussi les réformes qu'ils réclament pour mettre fin à leurs souffrances. Ici le spectacle change. Nous étions tantôt devant la réalité poignante et terrible qui se dresse menaçante, prête à dévorer qui oserait la méconnaître, avec sa complication formidable d'injustices, d'abus et de douleurs.

Nous entrons dans le monde de l'illusion simpliste, presque naïve, d'autant plus touchante, quand on voit les pauvres gens, devant cette déformation de l'ossature même du corps social, croire qu'il suffira d'un peu de bonne volonté pour remédier à tout.

Leurs réclamations sont naturelles : il était impossible qu'elles ne leur vinssent pas à l'esprit.

Ils souffrent de la durée exténuante des heures de travail ; ils demandent que la journée de travail soit réduite. — Ils ont à se plaindre de la dureté, de l'injustice des contre-maîtres ;

ils demandent à les nommer eux-mêmes. — Ils sentent l'impuissance où les réduit l'ignorance profonde où on les laisse végéter ; ils réclament une instruction large, complète, obligatoire pour tous. — Ils n'ont pas de foyer, ils n'ont pas de famille ; ils veulent que leur femme leur soit rendue, que l'enfant et la mère leur refassent un intérieur, leur reconstituent un ménage et une maison. — Ils succombent à l'organisation hâtive et incomplète de l'industrie moderne, où les locaux sont construits pour les machines, pour la production rapide, incessante, énorme, et où l'homme n'est que l'accessoire, exposé aux maladies, aux infirmités, aux dangers sans nombre ; ils demandent des installations hygiéniques, des précautions sanitaires. — Leur salaire est réduit par la concurrence que leur fait leur propre sang, la femme et l'enfant, ou que leur font des établissements produisant dans d'autres conditions que celles du travail libre : les prisons, les couvents. Ils demandent que la concurrence de la femme, de l'enfant, du couvent, de la prison soit supprimée par interdiction légale. — Les règlements d'atelier sont draconiens, arbitraires, imposés sans débat contradictoire, sans contestation possible ; ils demandent que leurs délégués puissent les discuter avec les maîtres, en former la base d'un contrat régulier. — Quand l'accident ou la maladie vient interrompre leur travail ou que la vieillesse les condamne au repos, ils sont abandonnés sans secours et sans aide, ou le peu qu'on leur accorde n'est que l'ironie de leur infortune ; ils demandent des caisses de secours, des assurances contre l'accident et la vieillesse.

— Le salaire est insuffisant, il ne leur permet pas de vivre, et encore est-il diminué par l'amende ou écorné dans la cantine où l'on paie l'ouvrier ; d'autres fois même on prétend le régler en fournitures sur lesquelles le patron prélève un bénéfice usuraire ; ils demandent qu'un minimum de salaire soit fixé, et que le salaire légitimement gagné leur parvienne intact, sans retenues que celles librement consenties, et de façon que seuls ils disposent d'un argent qui, certes, leur appartient. — Ils sont à la discrétion du patron qui les prend ou les renvoie sans avertissement préalable, qui élève ou diminue le prix du travail quand son intérêt ou son caprice le commande ; ils veulent des délégués qui soient au courant de la situation de l'industrie, qui les représentent d'une façon permadente dans les contestations avec le patron, qui sachent si l'état des affaires permet une hausse ou exige impérieusement une baisse des salaires, et débattent avec le maître les changements à exiger ou bien à supporter. — Ils comparent leur situation précaire et douloureuse à celle des directeurs, des ingénieurs, des contre-maîtres ; ils demandent, quand leur propre salaire doit être diminué, que les émoluments de tous soient réduits dans des proportions égales. — Les impôts sont trop lourds, les charges publiques excessives ; ils demandent que les impôts qui les atteignent spécialément, ceux qu'on dit de consommation soient supprimés ; que la charge militaire qu'ils supportent seuls soit étendue à tous.

Quoi encore ? Ils parlent comme s'ils étaient les égaux des autres citoyens dans l'ordre économique, politique, moral, et, sachant qu'ils ne le sont pas, ils demandent le suffrage universel, qui leur donnera le moyen d'introduire eux-mêmes les réformes qui leur paraissent justes, et qui, certes, le seraient, si elles étaient appliquées.

Mais de qui réclament-ils tout cela ? Et qui leur accordera ce qu'ils réclament ?

Les maux dont ils souffrent, ne sont que l'expression multiple de la domination abusive, exercée sans contrôle et sans frein, par le capilisme tout puissant sur le travail asservi. Il est naturel que les ouvriers supportent avec une impatience égale toutes les formes de la sujétion qu'ils subissent et qu'ils expriment le désir de les voir toutes disparaître, pour adopter un régime où le capital et le travail seraient égaux en droits, où tout au moins le travail aurait les garanties indispensables pour que son existence elle-même ne pût être mise en péril. Mais comment obtenir cette égalité de droits, alors que l'excès même de l'oppression, est la preuve de la faiblesse de nos ouvriers, et de leur manque de résistances, plus grand que chez aucun autre peuple, puisque nulle part l'abus de la puissance capitaliste n'a pu être poussé jusqu'à l'intensité qu'il a acquise en Belgique! Où chercher, d'autre part, la force capable d'imposer au capitalisme un frein, et d'assurer au travail les garanties nécessaires, alors que les pouvoirs publics sont eux-mêmes aux mains du capitalisme, et que ce n'est qu'avec leur complicité consciente, que les abus existants ont pu arriver à leur exagération actuelle! Dire que l'on voudrait avoir le suffrage universel, c'est déclarer que l'on voudrait déposséder le capitalisme de sa toute puissance politique, et devenir soi-même le maître à sa place. Mais la question

n'est pas de savoir si l'on voudrait être le maître,
ou du moins l'égal du maître, mais comment on
pourrait le devenir, alors surtout que le maître
en exercice ne songe nullement à abdiquer ou à
partager l'autorité, et que le pouvoir, comme
tous ceux qui représentent le capitalisme dans le
pays, montrent, par leur attitude intraitable et
hautaine, qu'ils ne cèderont pas et accepteront
au besoin la bataille. Leur mot d'ordre à tous
est le maintien de la liberté, ce qui veut dire, le
droit maintenu d'exercer librement leur autorité
sans bornes, et de n'accepter à leur arbitraire ni
contrôle ni limite.

Les réformes réclamées par les ouvriers, par
là même qu'elles embrassent toutes les conditions, pour ainsi dire, de leur existence comme
travailleurs, comme citoyens et comme hommes, montrent précisément qu'il n'y a pas un
point, pas un détail par lequel le capitalisme ne
les ait atteints, ligurés, et ne les tienne. Ils souffrent partout, parce qu'il y a partout un lien qui
les presse. Mais qui viendra les délier, leur donner au moins la liberté d'un bras, pour qu'ils
puissent ensute arracher le reste!

Ajouter, comme le font certains de leurs
amis, que pour être entièrement satisfaits, il
leur faudrait la propriété des machines, du sol

et du sous-sol, c'est dire encore une chose claire
en soi, c'est que si le travail et le capital, — ajou-
tons la science, — étaient réunis et confondus
dans une même classe et dans une même personnalité sociale, celle-là n'aurait plus de concurrents ni de rivaux. Mais où voit-on que capitalistes, bourgeois et savants, soient prêts à se
confondre dans la classe ouvrière et à lui abandonner leurs fonctions?

Il n'y a que l'extrême faiblesse qui fasse de
ces rêves sans limites. Qui ne sait pas se bor-
ner, n'a aucune notion de la politique, qui est
la science du possible. L'erreur est de dire :
nous sommes plus opprimés que d'autres, nous
avons souffert davantage ; donc nous avons droit
à une réparation plus complète. Cela est vrai
devant le cœur, vrai en justice, mais non vrai
dans la mécanique sociale. Etre écrasé davantage, et depuis plus longtemps, prouve simplement une force de résistance moindre, et, par
conséquent, la nécessité, ou d'accroître ses propres forces, ou de diviser celles de l'adversaire,
pour arriver avec plus de peine à un résultat
plus incertain.

Il est vrai que l'on répondra : puisqu'il s'agit
au fond d'une question de souveraineté, il n'est
pas de plus puissant instrument pour l'obtenir

que le suffrage universel. D'autres peuples le
possèdent, pourquoi ne l'aurions-nous pas?

En France et en Allemagne le suffrage universel est sorti de la révolution de 1848. Comment comprend-on qu'en 1848, notre peuple soit
le seul qui n'ait pas bougé? S'il ne l'a pas fait,
ni alors, ni depuis, c'est sans doute qu'il n'en
avait pas la force. Et, depuis bientôt trente ans,
peut-on dire que la réaction s'est affaiblie ou
qu'elle s'est fortifiée? Je crois, pour moi, qu'elle
s'est fortifiée, qu'elle s'est organisée plus étroitement, à raison même des crises qu'elle a tra-
versées. Il ne suffit donc pas à notre démocratie
belge d'exposer ce qu'elle désire, et comment
elle voudrait être tout. Elle n'est rien, et il
s'agit de savoir comment elle sera quelque
chose.

III

Les catholiques ne s'y sont pas trompés. Leur
congrès de Liége a été un mouvement de réaction synthétique. Depuis cent ans, je ne vois pas
un seul moment dans notre histoire, où ils
auraient pu risquer impunément ce qu'ils ont
risqué là. Et leur congrès a passé sans protesta-
tion.

Il n'a été discuté nulle part. Les ouvriers mêmes n'y ont pas pris garde, ce qui montre bien qu'ils ne sont pas sur le point de pouvoir s'emparer de tout, puisqu'ils ne comprennent même pas ce qui les menace.

Ce n'est pas, cependant, peu de chose, avec les énormes ressources morales et matérielles dont ils disposent et leur action cosmopolite, qu'une réunion publique des catholiques militants, évêques et laïques de tout le continent occidental, Allemagne, Belgique et France, sous l'approbation officielle de la papauté. Car, depuis la concentration formidable qu'ils ont opérée à la suite du concile de l'infaillibilité, qui entend un évêque, les entend tous, et qui entend le pape, entend la chrétienté catholique tout entière. Or, à Liége, je ne dis pas même après cent ans, mais après trois siècles, les catholiques ont osé, pour la première fois, proclamer publiquement comme leur idéal, le moyen-âge de Grégoire VII et d'Innocent III. Depuis la Réforme pareille chose n'eût plus été possible sans que le pouvoir laïque intervint pour les ramener à la raison. Louis XIV ne l'aurait pas permis, ni Napoléon Ier, ni même Napoléon III. L'évêque de Trèves a pu le faire sous le couvert de M. de Bismarck, qui a dit un jour, que depuis le congrès de Worms il ne s'était plus rien fait de bon en Europe.

Que l'on se rappelle le congrès de Malines, et qu'on mesure le chemin parcouru. Là, les catholiques se disaient prêts à adopter les libertés constitutionnelles, comme les initiatrices nécessaires du progrès et les garanties de l'ordre pacifique. A Liége il n'en reste rien. La liberté d'association est remplacée par la corporation obligatoire sous le patronage de l'Eglise; la liberté de réunien, de grève, de parole est condamnée comme une agitation malsaine; la liberté de la presse est anathémathisée, criblée de lardons. Iuutile de parler de la liberté de conscience, elle a toujours été niée par les catholiques. Tout droit individuel est méconnu, aboli. L'individu sera résorbé par l'ordre social, et l'ordre social est celui du moyen-âge, symbolisé dans l'aigle à deux têtes, le spirituel et le temporel, le pape et l'empereur. tenant d'une serre le globe et de l'autre le glaive,

La civilisation moderne est jugée, rejetée comme entachée d'individualisme. C'est là le grand procès fait à la Révolution française, qui a émancipé l'individu politique et social, comme la Réforme avait émancipé l'individu moral. Les ordres anciens sont rétablis. Clergé, no-

blesse, en haut, comme les deux expressions
sociales, les deux bras de la papauté et de la
monarchie : ils gardent leurs constitutions propres, indépendantes. Puis plus bas le tiers-
ordre, la commune, le travail national, industrie, commerce, agriculture, est organisé, celui-
là, ou plutôt parqué, coupé en tronçons, sous la
double autorité de l'Etat et de l'Eglise. L'Etat
en administre le temporel par l'assurance obligatoire, par les chambres de conciliation obligatoires, par les corporations obligatoires; l'Eglise
en administre le spirituel, par le patronage ec-
clésiastique, imposé à toute corporation, à toute
famille. La corporation aura la personification
civile, mais en parallèle avec la communauté
religieuse. C'est la main-morte industrielle ins-
tallée à côté de la main-morte religieuse pour
lui servir de garant. Le communisme de l'Eglise
essaie de tendre la main au collectivisme ouvrier,
pour l'étrangler et l'asservir.

Certes, en tout cela, ici aussi, il faut faire la
part du rêve, mais il est caractéristique que de
pareils rêves aient pu se produire en ce moment,
par l'organe d'hommes tels que l'évêque Korum
et M. de Mun, aux applaudissements de l'assis-
tance, prêtres et laïques, des prêtres surtout.

Oui, la tendance est évidente de tendre la main

au socialisme collectiviste, au nom du communisme chrétien. Si de pareilles forces parvenaient à se rencontrer et à s'entendre, c'en serait fait du libéralisme et même de la liberté dans nos pays. Nos paysans, malgré le morcellement du sol, sont trop sous la coupe de l'Eglise pour former un élément de résistance. La bourgeoisie libérale seule peut sauver la civilisation moderne, si elle sait s'unir au peuple ouvrier, et lui assurer la part sociale qui lui revient.

IV

Il y a quelque chose de vrai dans l'utopie catholique — cette part de vérité en fait le danger — c'est que la liberté individuelle, abandonnée à elle-même, ne peut pas suffire à refaire un ordre social acceptable.

Nous sortons de l'orgie de la liberté économique. Il est temps de cuver ce vin troublant, et de mettre chaque chose et chacun à sa place.

La société ne peut pas rester une cohue, où chacun n'avance qu'en écartant qui le coudoie, en renversant et piétinant qui le précède, où le plus audacieux et le plus habile s'empare de tout et ne laisse rien aux autres, où les faibles sont nécessairement écrasés et les bons fatalement éconduits, où la concurence sans frein n'est qu'une prime à la ruse, à la tromperie, à l'exaction, où les forts se fortifient de plus en plus et où les petits sont de plus en plus foulés. L'immense majorité de l'humanité est composée d'être faibles, insuffisamment armés pour le combat. Eux aussi ont droit à la vie. Les faibles peuvent prêter à l'ordre humain un concours aussi salutaire, et plus bienfaisant peut être, que les forts. Il doit exister un ordre social. Et qui dit ordre, dit classement, cadres, catégories. Il y a, il doit y avoir des catégories sociales, mais ce ne sont pas celles que le congrès catholique propose.

Notre société belge est affalée, courbée, avachie. Pour la redresser il faut connaître sa structure réelle, et ne pas mettre en bonne posture ses « gibbosités, ses goîtres et ses ventres ». Ceux-là doivent, au contraire, disparaître, pour que le corps social se relève droit et sain.

Or, des gibbosités de la société moderne sont évidemment le clergé et la noblesse, et j'entends par noblesse tout le parasitisme des improductifs mangeurs de rentes.

Quel peut être encore le rôle de la noblesse et du clergé? S'arrondir d'une graisse malsaine au détriment des membres actifs et valides de la nation.

La société moderne a trois éléments constitutifs : le capital, le travail et la science. Le reste est inutile ou nuisible. Qui dit science, dit art. L'art et la science remplacent la religion dans tout ce qu'elle pouvait donner de grand et d'utile.

Capital, science, travail ne sont pas des casres fermées comme l'étaient les anciens ordres qu'on veut ressusciter : noblesse, clergé et tiers. Capital, science, travail, concourent sans cesse, se confondent et s'entr'aident aussi bien dans la société considérée dans son ensemble, que dans la moindre œuvre sociale. Ce ne sont pas trois ordres, mais trois fonctions également nécessaires, inséparables quoiqu'indépendantes. En toute œuvre le capital fournit les moyens, la science prépare et dirige, le travail exécute.

Quand l'œuvre est absolument restreinte et individuelle, la même personne peut confondre en elle les trois fonctions : être son propre capitaliste, son directeur et son ouvrier, fournir à la fois les moyens, la combinaison et l'exécution. Mais du moment que l'entreprise s'étend et se complique, la division des fonctions est de nécessité. Et à mesure que nous élargissons, que nous voyons, non plus le groupe, mais la collectivité, non la collectivité, mais la nation, non la nation, mais l'humanité, nous ne nous trouvons plus en présence de trois éléments, mais de trois mondes, de trois expressions génériques de l'humanité, ayant non seulement leur fonction, mais leur existence, mais leur loi propres, leurs destinées, leur histoire, leurs catastrophes, et vivant de trois grandes vies universelles et distinctes.

Voyez le capitalisme, embrassant l'univers, ayant ses mouvements terrestres, comme les vents et comme les marées ; portant plus rapidement que les vents et que les tempêtes, en une minute, à Calcutta, le contrecoup de la catastrophe qui éclate à Londres ; montant du même flux à Paris, à Berlin et à Bruxelles, et prodiguant les capitaux dans un même mouvement de confiance et d'expansion, ou bien les retirant partout à la fois, comme un océan mû tout entier par une force interne unique.

Regardez le Travail, non mobile, non ailé comme le capital, parce que ce sont des bras et des êtres humains qu'il faut mouvoir, mais déjà agité cependant d'un perpétuel courant d'échange, d'action et de réaction réciproques, poursuivant partout à la fois les mêmes buts, ayant des intérêts communs, partageant les mêmes idées qui se répercutent depuis des années de meeting en meeting, de congrès en congrès; si bien que la revendication vis à-vis du capitalisme est à New-York ce qu'elle est à Manchester et à Charleroi, et que nos ouvriers belgent réclament dans leur enquête, ce que réclament les travailleurs de Silésie, parce que la domination du capital ayant été partout libre, sans contrôle et sans frein, a produit partout les mêmes effets et les mêmes abus. La nature du capital est partout semblable à elle-même, la nature du travail est identique partout, avec des forces de résistance diverses, suivant le degré d'énergie morale ou de force physique des populations. C'est ainsi que nos populations belges, plus ignorantes, plus pressées en un seul point, se faisant une concurrence plus immédiate, ont dû subir davantage la dépression capitaliste, mais que cependant le « caractère » même de leur sujétion et de leurs souffrances n'est pas autre ici qu'à l'autre bout de l'univers. Solidarité universelle du travail, née de la force des choses et des lois de l'économie moderne, qui s'était manifestée si grandement il y a vingt ans dans l'Internationale, et que des politiques attardés ont essayé d'empêcher et de couper en tronçons.

Comme s'il était possible, quand le capitalisme réussit a avoir une action universelle harmonique, d'empêcher le travail manuel d'obéir, lui aussi, à des impulsions concordantes, et d'en prendre conscience.

Regardez maintenant, en troisième lieu, la Science, et songez que là le domaine est plus vaste encore, parce qu'il est intellectuel et qu'il n'a pas de limites ; si incommensurable dès à présent, qu'il n'y a plus *une* Science comme à l'origine on pouvait la concevoir ou que le catholicisme en son époque de synthèse barbare a voulu la réaliser, mais des sciences diverses, en dépendance l'une de l'autre, chacune cependant ayant sa province illimitée, comme si, jaillissant d'un même centre, toutes projetaient leurs rayons à l'infini. C'est la grandeur de notre époque d'avoir distribué les champs de lumière autour du noyau commun, qui est la méthode même d'induction et d'investigation scientifiques, de même que l'action du soleil est tout entière dans le mode de propagation de ses ondes lumineuses.

Mais maintenant que la science est comme fixée et immobilisée au firmament, dans sa pure et souveraine indépendance, elle domine l'univers, et plus rien ne peut l'atteindre ou la diminuer. Elle est désormais la haute fonction, la fonction suprême de l'humanité. Cette pâle lune de la religion peut encore sourire à nos rêves : elle ne prévaudra plus contre le foyer même de la vie, de la chaleur et du jour. Et cependant si la science a ce caractère souverain, universel et synthétique, comme elle sait se mêler, à l'exemple de la lumière elle-même aux moindres actes, aux moindres détails de l'existence ! Comme elle aussi est partout identique à elle-même ! Comme une idée nouvelle et juste fait en trois pas le le tour du globe ! Comme un progrès, un perfectionnement, une modification infimes sont en un moment appliqués partout, transformant en un tour de main l'industrie, la production universelle ! Comme on sent bien qu'à une pareille fonction il faut une part d'action indépendante dans l'humanité, dans la société, dans chaque entreprise et dans chaque œuvre !

Et si j'ai décrit avec vérité ces trois grandes fonctions humaines et sociales, n'est-ce pas une aberration de voir le congrès conservateur, imaginer de parquer le travail dans des corporations obligatoires et fermées, empêcher le travailleur de chercher son intérêt où il le trouve, arrêter la communication et l'échange de campagnes à villes, d'industries à industries, de pays à pays, et rêver de placer le travail, immobilisé comme à l'origine du moyen-âge, sous la coupe de la fainéantise ignorante, religieuse et laïque, clergé et noblesse, et cela sans s'occuper même de l'action et de la réaction que peuvent avoir sur le travail les deux seuls grands agents, en dehors de lui, de l'activité sociale : le capital et la science ! Pour que le catholicisme, sous la haute approbation du pape, ait pu produire une pareille conception à notre époque, et en pleine publicité, il faut qu'il ne sache plus réellement que se placer en dehors de l'histoire et de l'humanité vivante.

Mais, d'autre part, plusieurs de nos amis qui, représentent le socialisme ouvrier, ne voient ils pas quel immense recul ce serait, que d'essayer de confondre en une seule classe presqu'en, une seule fonction : capital, travail et science ! Ils voudraient que la collectivité ouvrière fût à la fois propriétaire du sol, du sous-sol et des machines, qu'elle fût en possession de son propre capital, qu'elle exploitât par elle-même, et dirigeât elle-même le marché, qu'elle courut tous les risques à la fois et s'attribuât à elle-même tous les bénéfices gagnés aux divers titres et comme un résultat obtenu en commun. Ils voudraient faire du groupe producteur, un groupe synthétique, confondant en lui la totalité des fonctions économiques!

Je ne vex pas examiner si une pareille conception est réalisable. Tout est réalisable, lorsqu'on songe que les premières communautés chrétiennes, réunissaient en elles l'église, l'atelier, la cité et la famille, tout l'ordre spiriuel et temporel de leur temps. Je ne veux pas demander non plus s'il serait juste que le capital et la science fussent subalternisés au travail manuel, qui est le nombre et la majorité dans la nation. Le nombre est aujourd'hui subordonné à la minorité, il se comprend qu'il veuille prendre sa revanche et dominer à son tour.

Mais y aurait-il dans l'application générale ou même partielle d'un pareil principe, gain pour l'humanité, pour le progrès social? Évidemment non. Le capital cesserait d'être individualisé, mais il perdrait en même temps sa liberté, sa puissance d'impulsion, sa mobilité, son génie propre. La science serait soumise et perdrait sa force d'initiative, son indépendance absolue, son haut vol. On couperait au monde économique ses deux ailes, le capital et la science, incessamment à la recherche de la rénovation, du perfectionnement, des tentatives hardies et grandioses, pour le figer sur ses deux pieds dans les résul-

tats acquis et certains. Les grands 'risques seraient diminués peut-être, mais en même temps
le mouvement vital serait ralenti, la liberté humaine, dans sa plus haute expression, serait
irrémédiablement atteinte. Le pays qui chez lui
organiserait un pareil système cesserait de faire
partie de la circulation générale et du courant
universel de l'humanité. Il serait bientôt un
membre atrophié.

V

Le moyen âge fut pour le Travail, la Science
et le Capital l'époque d'une sujétion commune,
ou plutôt ce que nous appelons capital et science
n'existait pas.

L'immobilité féodale de la propriété, l'immua-
bilité religieuse de la pensée publique, formulée
dans le dogme, recélaient sans doute la puissance
économique et la puissance intellectuelle à l'état
de forces latentes, inertes ; mais ce ne fut que
lorsque le mouvement eût pénétré ces masses
informes de la féodalité et de la religion, que l'on
en vit jaillir ces deux étincelles, ces éclairs qui
allaient transformer l'univers : le capital, c'est-
à-dire la valeur ailée, fluide et volatile, et la

science, c'est-à-dire la recherche individuelle, la pensée libre.

Aujourd'hui, plus rien ne réussira à enchaîner ces deux esprits, ces deux oiseaux à qui le monde appartient. Féodalité militaire et religion crieront, remueront en vain. Science et capital libres passent au-dessus de leurs têtes. Et demain le Travail s'allierait à l'État militaire et à l'Église, le collectivisme ouvrier accepterait la main que lui tend le communisme chrétien, que leur effort commun échouerait encore à remettre en servage les deux émancipés. Le Travail n'y gagnerait qu'à retomber peut-être bientôt sous le pouvoir de ses anciens tyrans, clergé et aristocratie.

Lui-même, le Travail, n'est malheureusement pas ailé; il ne peut pas s'échapper, planer, attendre. Il est rivé au sol par sa nature, par ses besoins. C'est son infériorité, mais c'est aussi sa dignité. Il est resté le seul élément réellement stable, la seule assise solide et inébranlable de l'ordre économique.

Car le Travail, après tout, c'est la population. Et les populations, malgré des mouvements internes plus ou moins actifs ou prolongés, au fond n'ont pas bougé, bougeront de moins en moins. Les échanges individuels se multiplient, mais par l'occupation successive de toutes les parties de l'univers, les stabilités collectives nationales, augmentent.

Certes, l'envahissement excessif des villes et de l'industrie par les campagnes a produit à la longue un résultat considérable et qui est cause en grande partie de la dépression actuelle du travail industriel. L'émigration continue des parties les plus entreprenantes et les plus énergiques de nos populations européennes vers l'Amérique, est l'un des éléments principaux de la concurrence écrasante que nous fait le Nouveau-Monde aujourd'hui. Pour échapper temporairement à la concurrence immédiate créée chez nous-mêmes par l'encombrement des bras, nous avons, avec nos propres éléments, établi en face de nous, mais à longue échéance, une concurrence bien autrement redoutable. C'est comme si un établissement industriel ou commercial aidait de ses propres ressources à fonder, de l'autre côté de la rue, et sous une direction étrangère, une maison rivale. Car l'océan n'est plus qu'une rue entre l'Amérique et l'Europe.

Et cependant, malgré ces conséquences considérables et néfastes à la longue, dans le moment même où les déplacements s'accomplissaient, les conditions intérieures de travail dans nos pays n'en ont pas été sensiblement affectées. Et les vides partiels laissés après l'exode, se remplissant à nouveau par l'accroissement naturel de la population, qui rétablit et répare sans cesse la situation acquise, on peut dire que, de sa nature, le travail est fixe, à demeure, enraciné dans la terre des ancêtres. D'autres époques ont connu des migrations de peuples entiers, emportant la patrie à la semelle de leurs sandales. Mais c'est le travail précisément qui a attaché, rivé les populations au sol, si bien que c'est lui qui est le véritable créateur de la patrie, c'est lui qui la maintient et qui la conserve, lui qui la constitue réellement et est consubstantiel avec elle.

Notre sol, notre sous-sol, nos champs, nos usines, nos cités, nos montagnes éventrées par les carrières, nos fleuves, nos routes sont à nous, sont nous-mêmes, en tant seulement que le travail les exploite, car tout cet ensemble de choses qui est l'image de la patrie, qui est la patrie elle-même, qu'on appelait autrefois le capital social, n'est plus en grande partie que le gage du capital cosmopolite. Les valeurs qui représentent et constituent désormais toute la richesse productive de notre pays, sont emportées dans le mouvement universel du capitalisme, et participent à ses flux et à ses reflux, soumis à des influences supérieures.

Mais les choses elles-mêmes qui sont représentées par les valeurs ailées, font corps avec le Travail national, ne vivent dans la réalité que par lui.

N'est-il donc pas véritablement monstrueux que le travail, qui seul est autochtone et indigène, soit sans droits ni garanties d'aucune sorte sur le solde la patrie, alors que le capital cosmopolite, nomade, lui qui souffle où il veut, tient seul dans ses mains le gouvernement, les forces publiques, la vie et l'avenir communs ?

Et qu'importe, après tout, au capitalisme universel que nos ressources s'épuisent, que nos populations s'étiolent, que nos paysans crient la faim au milieu de leurs moissons qui ne savent pas payer le prix du fermage, alors que nos ouvriers tombent d'inanition et de froid sur des montagnes de produits que la concurrence étrangère refoule aux lieux d'origine ! Quand la Belgique sera épuisée et inerte, il y a d'autres cieux où des filons d'or vierge attendent la fécondation du capitalisme. Il y volera, il y transportera à son service, l'homme, le travailleur, le seul produit qui ne coûte presque plus rien et s'offre à qui veut le prendre ; de nos compatriotes eux-mêmes il pourra choisir les meilleurs et les plus forts pour fonder là-has une nouvelle patrie pendant que l'ancienne périra. Qu'elle proteste, qu'elle se soulève au besoin, qu'importe encore? Une révolution en Belgique serait escomptée à la Bourse, comme une autre catastrophe, guerre ou faillite. Que faudrait-il pour nous relever en peu de temps vis-à-vis de l'étranger. Une application puissante du capital et de la science, renouvelant nos modes de production, imprimant de nouvelles directions, créant d'autres rendements et d'autres résultats à nos ressources. Là, sans doute, serait le salut. Mais le capital et la science n'ont pas de patrie. Ils se ruent à des entreprises à côté desquelles nous sommes une quantité négligeable.

Et nous passer d'eux n'est pas possible cependant. Pour le travail il n'est pas d'espérance, s'il ne s'incorpore à lui-même le plus de science et de capital qu'il le pourra, si, au lieu d'éloigner capitalistes et savants, il ne les attire, il ne les intéresse, il ne les rémunère et ne les dignifie. Le mouvement collectiviste qui tend à la subordination du capital, et le mouvement catholique qui tend à la subordination de la science, sont, à ce point de vue, aussi impuissants l'un que l'autre. Ils sont deux formes du figement, du stationnement et de la stagnation.

Que conclure de tout cela ?

Oui le travail doit avoir ses droits. C'est même en lui que doit s'incarner avant tout le droit fondamental, national par excellence, le droit social et politique. Comparés à lui, l'aborigène, le capital et la science sont presque des étrangers, des demi-sang. Et cependant il ne peut rien sans eux. Qu'il soit libre, en possession de lui-même, mais qu'il reconnaisse leur droit à la liberté, à l'indépendance, aux deux fonctions qui sont parallèles à la sienne.

La solution, l'équation entre la vérité et la justice sont là. Des garanties effectives et efficaces pour le travail national qui ne peut rester plus longtemps à la merci du capitalisme, mais la reconnaissance en même temps de la liberté et des droits du capital et de la science.

Puisque les trois fonctions sont distinctes, qu'elles obéissent à des lois diverses, qu'elles ont chacune leur destinée propre à remplir, il faut qu'elles soient reconnues comme indépendantes l'une de l'autre, que, par conséquent, elles constituent dans l'État trois ordres, trois catégories, trois éléments libres et séparés.

Mais, comme d'autre part, ce sont là trois

fonctions nécessaires l'une à l'autre, concordantes, confondues dans chaque œuvre particulière en une action indivise, il faut que les trois groupes soient réunis en une assemblée commune où l'intérêt général puisse dominer les intérêts particuliers et les tendances séparatistes.

Que la Constitution politique soit revisée en ce sens. Qu'elle s'accorde désormais avec la constitution sociale ; qu'une seule classe ne domine plus les deux autres, mais que le corps ouvrier et le corps capacitaire aient leur représentation directe à côté du corps censitaire, pris comme l'expression la plus large du capital ; que ce ne soient pas là trois castes fermées, mais que le citoyen puisse choisir entre chacun de ces groupes, suivant que ses aptitudes le commandent, afin de maintenir ainsi la liberté et le mouvement individuels dans le sein même d'un équilibre organique ; que cela soit, et ne pense-t-on pas que l'égalité des droits ainsi assurée, la discussion globale et synthétique entre les grands intérêts sociaux étant ainsi possible, les classes pouvant ainsi l'une vis-à-vis de l'autre prendre et maintenir une position pacifique et légale, l'ossature même de notre société étant ainsi relevée, redressée, rétablie, et pouvant se raffermir par l'élimination progressive des éléments inutiles et nuisibles, aucune guerre intestine, aucun déchirement intérieur ne seraient plus à craindre, et que la Belgique, par un effort unanime et viril, pourrait ressaisir ses destinées compromises !

Que l'on veuille y réfléchir. Deux fois notre pays a péri, parce que les hommes ne s'y sont pas trouvés à la hauteur de la situation.

Notre période bourguignonne, si admirable, si riche en promesses, si pleinement d'accord avec les nécessités les plus élevées de l'époque, nous a fait sombrer cependant, parce que nous y avons eu des princes et pas un homme, et ce merveilleux ensemble s'est disloqué et anéanti misérablement par manque d'entente et de compréhension

Notre révolution du xviiie siècle, qui allait nous constituer à l'état de nation, et de nation libre et déjà moderne, à la veille même de la Révolution française, a tristement échoué par l'étroitesse d'idées, l'égoïsme, les violences et les haines de nos chefs, de nos partis, par l'absence de vues désintéressés, par le manque de patriotisme véritable.

Allons-nous périr une troisième fois, par les mêmes causes et peut-être cette fois pour toujours ? Ne se trouvara-t-il pas un groupe d'hommes

énergiques, capables, qui sachent se faire entendre et qu'on veuille écouter, oubliant tout, hors
la justice et la patrie, et dont l'action puisse ne
s'exercer que pour apaiser nos discordes, revendiquer les droits légitimes de ceux qui sont
opprimés aujourd'hui, mais leur faire comprendre en même temps qu'il existe d'autres droits
dignes d'être respectés! Et avant que le suprême
combat ne s'engage, à la veille d'une révolution
peut-être sans issue, ou d'une réaction peut-être
sans frein, le salut de ce malheureux pays ne
peut-il pas sortir d'une réconciliation des classes
par l'égalité des droits?

Nous avons à inscrire dans la Constitution
deux principes nouveaux, réparateurs, de salut
public :

L'indépendance, la souveraineté de la Science,
organisée en corps distinct, ayant dans le Parlement des mandataires directs, entourée des
garanties constitutionnelles qui la mettront désormais à l'abri des coups de majorité et des
entreprises de la réaction.

L'indépendance, la souveraineté du Travail,
nommant dans le Parlement ses mandataires
directs, chargés de défendre ses intérêts propres,
et d'obtenir les garanties indispensables à l'exis-

tence, à la sécurité et à l'avenir de nos populations ouvrières.

Le capital représenté par le corps censitaire
est dès aujourd'hui souverain. Il gardera ses
droits.

VICTOR ARNOULD.

TABLE DES MATIÈRES

Brux. — Imp. Ed. MAHEU, 18, r. d. Sables.